JN277519

立浪＆野村が教える！

野球少年が親子でうまくなるプロ思考《しこう》

立浪和義・野村弘樹 著

立浪&野村が教える！
野球少年が親子でうまくなるプロ思考

立浪和義・野村弘樹　著

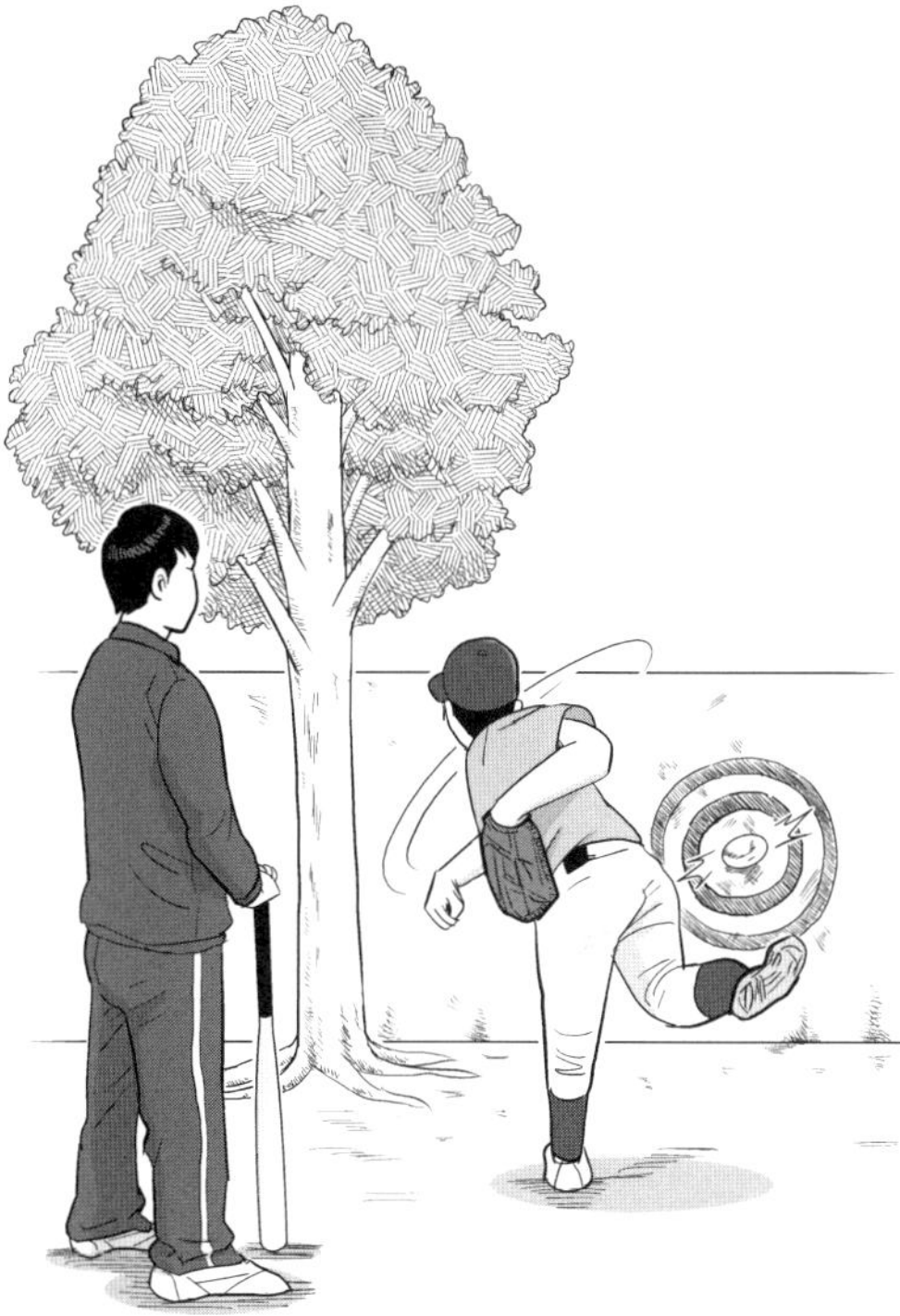

はじめに

立浪和義
tatsunami kazuyoshi

たくさんあるスポーツのなかから野球を選んでくれたみんな、ありがとう。

だれでもはじめは、投げたり、打ったり、ボールを追いかけることに夢中で、ただグラウンドに立って野球ができるだけで楽しいはずです。

でも、ずっと野球を続けていくうちに、ときには試合で失敗したり、練習のなかで大きなカベにぶつかったり、思うようにいかないことも増えてくることでしょう。そんなとき、目の前のカベを乗りこえて、レベルアップするにはどうすればいいのか？　今日の試合では負けてしまったライバルに、明日勝つためには何が必要なのか？

この本は「もっともっと、うまくなりたい」と意欲を燃やす野球少年たちに、私＝立浪《たつなみ》和義《かずよし》と、私のＰＬ学園でのチームメイト野村《のむら》弘樹《ひろき》が、少年野球、高校野球、そしてプロ野球でのプレーを通じて身につけてきた経験や考え方、上達のためのちょっとしたヒントを、わかりやすく伝えるために書きました。読んでみて、難《むずか》しくてわからないところがあれば、どんどんお父さんやお母さんに聞いてみて、親子で楽しんでもらえたらうれしく思います。

　私と野村は、ＰＬ学園時代に甲子園で春夏連続優勝という大きな栄冠をつかむことができました。高校卒業後は、ふたりともプロ球団に入り、入団1年目から一軍の試合に出場するチャンスをつかみました。そして、私は22年間、野村も15年間という長い間、プロ野球のきびしい世界でプレーさせてもらうことができました。けれども、そのような私たちだって、けっして野球の天才ではなかったし、はじめから高校野球の強豪校やプロ野球のレベルについていけるほど、野球がじょうずだったわけではありません。

　私が最初にひとつだけ言っておきたいのは、野球がうまくなるには、とにかく「地道な努力の積み重ね」しかないということ。野球の練習は基本のくり返しばかりで、自分の上達がすぐに目に見えてわかることは少ないから、あまりおもしろくないと感じるかもしれません。

でも、だからこそ根気よく、いい結果が出ても出なくても、毎日の練習に取り組んでほしいのです。私は天才ではなかったけれど、「ずっと根気よく練習してきた」ということだけは、いまも胸を張って言えます。この小さな体で20年以上もプロ野球の第一線でプレーできたのは、それがあったからなのです。


のんびりしていた私たちの少年時代とは違って、いまの野球少年たちはきっと毎日が忙しいことでしょう。それでも時間は、うまく使えばいくらでも自由になるものです。どんなに学校や塾の勉強が大変でも、練習する時間はきっと見つかるはず。忙しいなかでも、与えられた時間をうまく使うように心がけてください。たった30分でも素振《すぶ》りや腹筋はできるのですから。

野球をするからには、だれでも試合に出たら打ちたいし、抑えたい。みんな、心のなかに「うまくなりたい」という気持ちを持っています。コーチやチームメイトから「最近、うまくなったな」と言われたらうれしいものですよね。そのために必要なことを、次の章から説明します。基本的に守備やバッティングのことは私が、ピッチングについては野村が担当しますが、大事なポイントについてはふたりでまとめました。

「うまくなるプロ思考《しこう》」といっても、べつに難しいことを書くつもりはありません。どれもみんな、私と野村が少年時代からプロ野球まで、くり返しやってきた当たり前のことばかりです。そんなシンプルなことを根気よく続けているうちに、いつの間にか、みんなもプロのスカウトが注目するような選手になっているかもしれませんね。

もくじ

第3章 ステップアップのための心がまえ

第4章 カベにぶつかったときにやること

第1章
プロ選手が大事にしている基本

この章のねらい

野球をしているみんながレベルアップするためにもう一度たしかめてほしい、いくつかの「基本」をこの章で伝えます。でも、野球のプレーのこまかな動きはたくさんあるので、とても全部を取り上げることはできません。ひとつひとつのプレーについて親切に書いてある入門書はたくさんあるし、みんなのチームの監督やコーチも熱心に教えてくれるでしょう。そこで、「これだけは必ずやってほしい」という内容だけにしぼりました。ここに書いてあることはプロ野球選手が野球少年に伝えたい「基本中の基本」だけ。みんなが野球を続ける限り、いつも思い出してください。

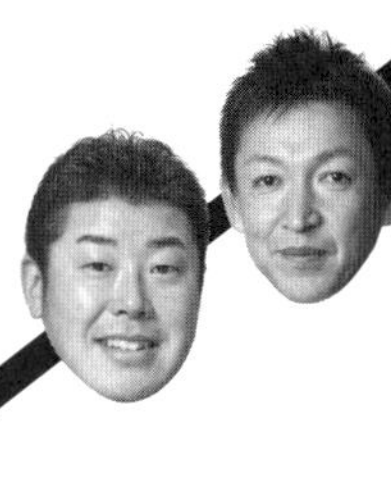

まずはボールを正しく握《にぎ》ろう

この本を手に取ってくれたみんなは、きっと野球が大好きだと思います。これまでにも野球の入門書を買って読んでみたり、地域や学校のチームに入ってコーチに教わったりして、ひと通り「野球の基本」を学んだことがある人も多いことでしょう。もしかすると、ボールの握り方なんていうのは基本中の基本、「そんなのカンタンだよ」と軽く考えているかもしれません。

でも、本当にキミのボールの握り方は「正しい」と、自信を持って言えるでしょうか?

私たちはいろいろなところで野球教室をやらせてもらいますが、野球チームに入っているのに、じつはボールの正しい握り方を知らない子がたくさんいて、ビックリさせられることが多いのです。

「みんなのなかで、ボールの握り方に自信のある人はいるかな?」と聞いてみると、「ハイ！　ハイ！」と元気よく手があがる。ほほう、たのもしいな、と思ってボールを握った手を見てみると、あれれ？　残念ながら、きちんとできている人は、ほんのわずかしかいません。だから、私たちは野球教室では**いつも必ず正しいボールの握り方から教える**ことにしています。

野球のボールを正しく握る。そんな当たり前のことを当たり前にやるのが、意外と難しいのです。見ていると、人差し指と中指は正しく縫《ぬ》い目にかかっていても、親

人差し指と中指を
ボールの縫い目にかけて、
親指は軽く曲げて
下の縫い目にかけて支える。
親指の位置は、人差し指、中指とで
二等辺三角形になるように。
薬指と小指は曲げて、ボールにそえる。
これがストレート（まっすぐ）の
基本の握りだ。

人差し指、中指は
悪くないが、
親指の位置が
ズレてしまった。
これではダメ。

親指の位置は
悪くないが、
薬指、小指を使って
“わしづかみ”に
なってしまった。

指の位置がおかしい人がたくさんいます。惜しいことに、親指の位置までは正しいのに、薬指、小指のそえ方がおかしい人もよく見かけます。みんなも図の「悪い例」みたいな握り方になってはいないかな？　まず大切なのは、**人差し指、中指、親指の3本できちんとボールを握ること**です。

なぜ、私たちがこんなに基本的なことからアドバイスをはじめるのか、みんなはふしぎに思うかもしれません。それは、**正しく握れないと、いくら練習しても自分がねらったところにボールを投げることはできない**からです。

せっかくきれいな投げ方をしても、正しくボールを握れていないとダメ。縫い目にしっかり指をかけて投げないと、ボールは真っすぐいってくれません。これは、硬式ボールでも軟式ボールでも同じことです。ピッチャーがカーブなどの変化球を投げるときはまた別な握り方が必要ですが、それはもっとあとで覚えればいいでしょう。

それに、ふだんは正しくボールを握ることができている人も、それだけで安心するのはまだ早い。なぜなら、キャッチボールや、ピッチャーの投球前のように時間や気持ちに余裕があるときには正しい握り方ができていても、とっさの場面ではおかしな握り方になってしまうことがよくあるからです。

たとえば、送りバントをダッシュして捕球し1塁に投げるとき——。タッチアップのランナーがいる状況で外野フライをキャッチし、バックホームしようとするとき——。1塁ランナーが盗塁のスタートを切ったのを見て、キャッチャーが2塁ベースに送球するとき——。そんな緊迫《きんぱく》した場面になると、あわててしまってデタラメな握り方になり、とんでもないところに暴投してしまうというような失敗は、みんなにも経験があるのでは？

本当に野球がうまくなるためには、「とっさの場面だから、わしづかみでもいいや」というのではダメ。プレー中の速い流れのなかでも、一瞬のうちに正しい握り方ができるようになる必要があります。

では、プレー中どんなときでも正しい握り方ができるようになるには、どうすればいいのか？　これはもう、ふだんの生活のなかから**「正しい握り方をするクセ」**をつけるしかありません。

あらかじめ家のあちこちにボールを置いておいて、テレビを見ているときも、マンガを読んでいるときも、夜ふとんに入るときも、いつもボールをさわって正しい握り方で握る習慣をつける。すると、だんだん自分で意識しなくても、人差し指、中指、親指の3本でパッと正しい握り方ができるようになってきます。お父さん、お母さんは、お子さんが家のなかに野球のボールを持ちこんでも怒らないでください。できれば、握り方のマスター用として、汚れていないキレイなボールをいくつか用意してあげてください。

プロ野球の選手たちは、捕球したボールをグローブのなかで利《き》き手で持つ瞬間に、無意識のうちに正しく握れるようになっています。みんなも**目をつむっていてもできるくらいになるまでクセをつけてほしい**と思います。

何も考えなくてもすぐに正しい握り方ができるようになれば、試合でゴロが飛んできたときの送球も、フライをキャッチしたあとの返球も、自信を持ってすばやくできるようになります。少しくらい肩が弱くても、正しくボールを握っていれば、力の強いライバルよりも正確な送球ができるのです。

みんなのポジションがピッチャーならば、ボールの握り方はさらに重要なポイントです。投げてみて、今日はどこか調子がおかしいなと感じたら、まずボールの握りをチェックしてみましょう。

POINT ポイント1 ボールは、人差し指、中指、親指の3本で正しく握る

POINT ポイント2 意識せずに正しく握れるように、家でもボールを握る

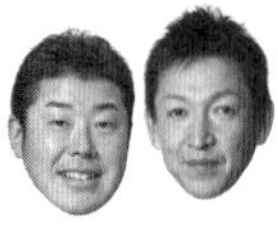

キャッチボールはしっかりと足を上げて

きちんとボールを握れるようになったら、次は投げる番です。そう、キャッチボールの基本についてもう一度考えてみましょう。

野球少年たちがキャッチボールをするときに気をつけてほしい、プロからのいちばん重要なアドバイスは何だと思いますか？　それは、**「しっかりと足を上げて投げる」**ということです。

相手が近くにいても、遠くにいても同じこと。キャッチボールでは、きちんと足を上げて、ていねいに投げることを心がけてください。野球では、だいたいどのチームもウォーミングアップしたあと、練習メニューはキャッチボールからはじめるものです。みんなも、その時間を大切にしましょう。

野球教室を開いたときに参加者たちを見ていると、ちょっと野球になれてきた子ほど、キャッチボールのときに、「相手が近くにいるから横からでもいいや」

とか「手首だけのスナップスローでじゅうぶん」といった、手を抜いたスローイングのやりとりになりがちです。「言われてみればオレもそうかも」と思い当たる人もいるでしょう。

でも、そういうのは絶対にダメ！　このことはしっかりと言っておきたいと思います。プロ野球のキャンプで練習がはじまるときを見ればわかりますが、**プロではキャッチボールの時間にいいかげんな投げ方でやっている選手はひとりもいません。**

これはピッチャーだけではなく、キャッチャーでも内野手でも外野手でも、みんな同じこと。野手だってショートやサードを守るならば、しっかりステップして1塁に投げる場面が出てきます。

キャッチボールのときは、まずしっかりと前足（右投げの人なら左足、左投げの人なら右足）を上げて、体重を自分の軸足（右投げの人なら右足、左投げの人なら左足）に乗せ、じゅうぶんにタメをつくってから投げる。1球ごとに必ず正しいフォームを意識して投げるように心がけること。

もちろん、野球の試合のなかではダブルプレーをねらうときのように、クイックスローやスナップスローで投げることが必要な場面も出てきます。でも、それはあくまでも「応用」のテクニック。まずは正しい投げ方でのキャッチボールをきっちりとやったあとで、距離を短くしてクイックスローやスナップスローの練習をすればいいのです。キャッチボールで正しい投げ方ができない選手に、正しいクイックスローなんてできるわけがないですからね。

キャッチボールでもうひとつ大事なことは、グローブの使い方です。グローブはボールを捕るためのものという意識が強いので、ス

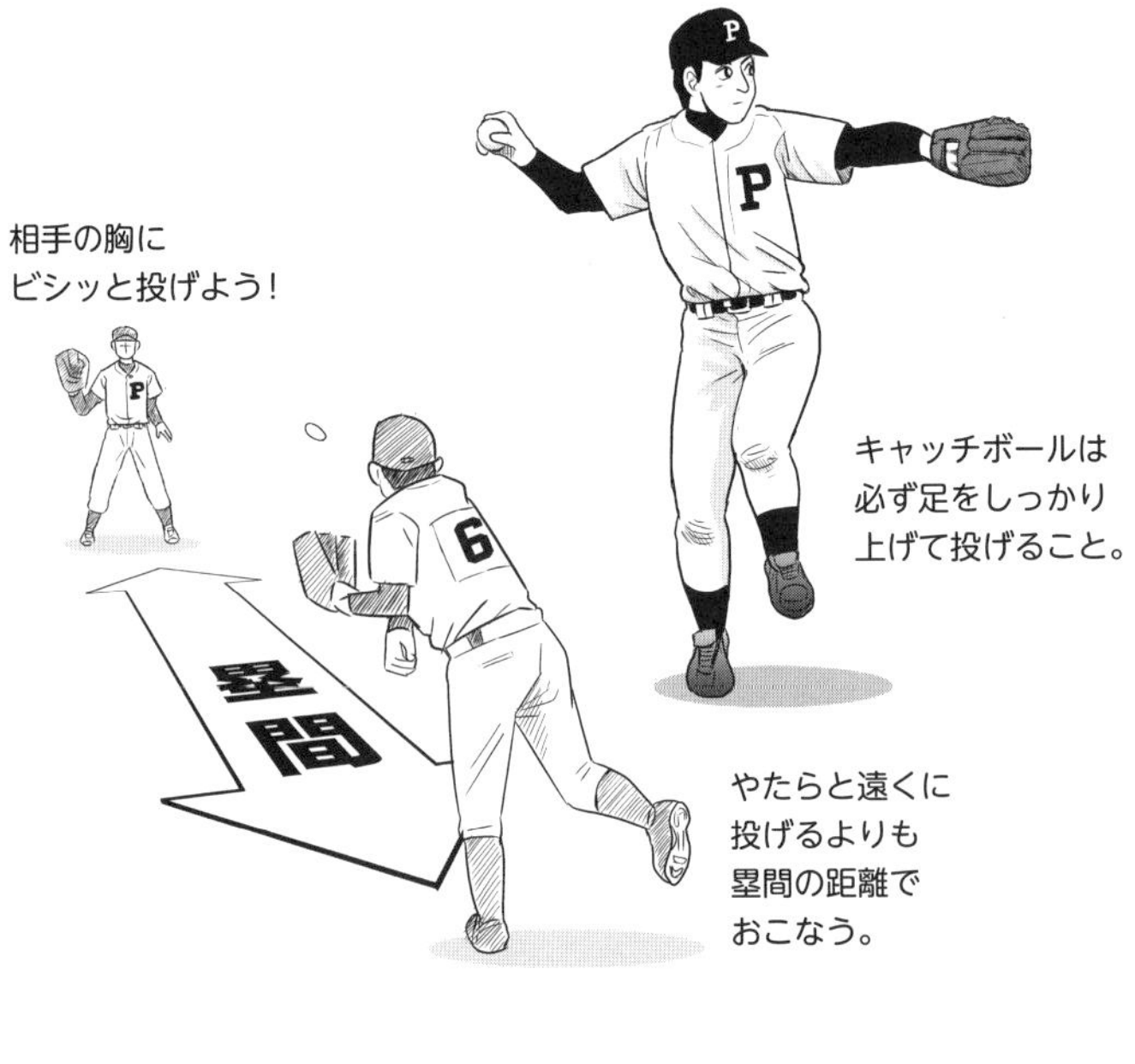
相手の胸に
ビシッと投げよう!
キャッチボールは
必ず足をしっかり
上げて投げること。
塁間
やたらと遠くに
投げるよりも
塁間の距離で
おこなう。

ローイングではついつい投げるほうの手ばかりを気にしてしまいがちですが、キャッチボールのときは**グローブをつけた手を、自分がボールを投げようとする方向にしっかりと向ける**ことが大切。最初は、ちょっと〝わざとらしい〟くらいにグローブを相手にビシッと向けてみてもいいでしょう。

グローブを相手に向けることで、上げた前足も自然と投げる方向にまっすぐステップできるようになり、投げたボールも相手めがけてまっすぐ飛んでいきます。まっすぐステップすることを意識するためには、**グラウンドの上に線を引いてみる**のも効果的な練習法です。ステップが左右にブレて体が開いてしまうと体の軸もブレてしまって、いわゆる〝手投げ〟になってしまいます。それではボールに体重が乗らないし、ねらったところにいきません。そうならないように、キャッチボール相手の方向に向かってあらかじめ線を引いておくのです。

ところで、少年野球の練習でキャッチボールをさせてみると、みんな相手からだんだん遠ざかっていって、長い距離を投げたがるものです。みんなも身に覚えがあるでしょう。でも、それをやるのはちょっと待ってほしいですね。「遠投《えんとう》」ができて遠くまでボールが届くと、肩が強く見えてカッコいいと思うのかもしれないけれど、**本当に大切なのは「塁間《るいかん》の距離」を投げること**なのです。

　正しいキャッチボールの第一歩は、ベースとベースの間（約27・4メートル、ただし小学生は団体により18・3〜23メートル）の距離で、**相手の胸の位置に10球のうち10球をすべて正確に投げられるようにすること**。メンバーの全員がこれをきっちりできるようになると、チームの印象はガラッと変わります。それだけで対戦相手からは、「このチームは基本がしっかりできているぞ。なんだか強そうだな」と思われることでしょう。実際に、ゲームのなかで内外野の中継プレーもうまくいくようになるし、ダブルプレーだってとれるようになるはずです。

　この塁間のキャッチボールが１００パーセント完璧《かんぺき》にできるようになってから、だんだんと距離を長くして遠投するようにしましょう。はじめから遠くに立った相手と力まかせにキャッチボールをしても、肩やひじに負担がかかってケガをするおそれがあります。ムリに遠くに投げても、ボールがあっちにいったりこっちにいったりフラフラしているようでは、キャッチボールをやる意味がありません。
お父さん、お母さんがお子さんと公園などでキャッチボールをするときも、ふたりの立つ位置があまり離れすぎないように気をつけてください。そして、足を上げたしっかりしたフォームから胸の位置に勢いのあるボールがスパンときたときには、必ず「ナイスボール!」と声をかけてあげましょう。

POINT ポイント1　キャッチボールでは軸足に体重を乗せてから投げる

POINT ポイント2　キャッチボールは塁間の距離を相手の胸に百発百中で

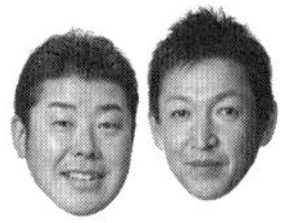

腕は「釣りざお」のようにしならせる

もうひとつ、スローイングの話を続けます。

前の項目では、キャッチボールのときは短い距離でもいいからしっかり足を上げて、相手の胸に10球のうち10球をピタリと正確に投げられるようになってほしいと書きました。

それはなぜなのか？　内野手ならば、ゴロを捕ってもファーストにきちんと送球できないとアウトを取ることができません。外野手ならば、カットに入った内野手まで正確にボールを返せないとランナーがどんどん進塁してしまいます。そして、ピッチャーならば、ストライクが入らなければフォアボールを連発して、試合をこわしてしまうことになるからです。ようするに、野球というスポーツは、**ねらったところにボールをきちんと投げられる選手やチームのほうが、試合に勝つようにできている**といっていいでしょう。

そこで、ねらったところにボールを投げるためにはどうすればいいのかを、もう一度、順を追って考えてみましょう。

まずは、いちばん最初に教えた「正しいボールの握り方」がきちんとできているかをチェックします。人差し指、中指、親指の3本でボールを握り、そのうち人差し指と中指は縫い目にしっかりかけるのが正しい握り方。

このときに、ちょっとしたコツを覚えてください。それは、**野球のボールは軽く、やわらかく握らないとダメ**だということ。

「ボールは正しく握りなさい」と言われると、そのことを意識するあまり、ついつい指先に力をこめてボールをガッチリとつかんでしまう人がいます。でも、指先によけいな力が入っていたら、自分の思ったようにボールをリリース（放す）することができません。そうなると、ねらったところよりも高くいったり、低くいったりしてボールがバラついてしまいます。プロ野球でも、ピッチャーが投げたボールを地面にたたきつけてしまうような珍プレーを見ることがあるけれど、あれも握りに変な力が入っているから起きるのです。

うまく投げるためには、しっかり指先をボールの縫い目にかけながらも、力を抜いてやわらかく握ること。そして、ボールを投げる瞬間だけ指先に力を入れるようにしましょう。ダルビッシュ有《ゆう》投手や、2013年に24連勝した田中将大《まさひろ》投手のようにものすごい剛速球を投げるピッチャーでも、じつはビックリするほど軽くボールを握っているものです。自分ではふんわりと軽く握っているつもりでも、ピンチや緊張する場面になると、ついついよけいな力が入ってしまうこともあるから気をつけること。

次に、ねらったところに勢いのあるボールを投げるために大切なのは、腕をしならせて、しっかりと振ることです。よく「ボールを置きにいく」という言い方をしますが、ねらったところに投げたいと思うあまりそっと投げるようなフォームになると、腕の振りが小さくなって、かえってボールはバラついてしまいます。

ボールを握る指先と同じように、腕全体もよけいな力は入っていないけれど、投げる瞬間にはしっかりと力がこめられているという投げ方がのぞましい。そうすれば、自然と腕がしなってくるはずです。

釣りざおは、力を入れて曲げてもポキンと折れることはなく、しなやかにグイーンと曲がりますよね。ボールを投げるときの腕の動きも、ちょうど投げ釣りで振り出す釣りざおみたいなイメージを思い描いてみるとわかりやすいと思います。

そのとき、**必ずひじが肩のラインより上にくるようにすること**と、**首が利き腕と逆方向に寝ない**ように気をつけましょう。ひじが下がっているとケガの原因になります。首がカクッと寝てしまうと体の軸が左右にブレて手投げになってしまいます。お父さん、お母さんは、お子さんたちが投げるときに、ひじの

ボールを投げるときは、
釣りざおをグイーンと
しならせるようなイメージで。
そのとき、ひじが肩より
下がらないよう
気をつけよう！

位置が下がっていないかをつねにチェックしてあげてください。

正しい握り方で、しっかりと腕をしならせて投げたボールには、正しいスピンがかかります。10球を同じところに投げるためには10回とも同じフォームで投げることが理想なので、手からボールが放れる位置（リリースポイント）が一定になれば、ボールは安定してくるでしょう。

ただ、どの位置でボールを放せばいいのかは、言葉で「ここで！」と言われても理解するのは難しいものです。これぱっかりは実際に自分でいろいろ試してみるしかありません。何度もキャッチボールをしてみて、ねらった通り相手の胸に気持ちよくピタリとボールが投げられたとき、それが自分にとっての理想のリリースポイントなのです。

私たちが、最初にキャッチボールのやり方にこだわるのには、ふたつの理由があります。

ひとつは、**野球をしているみんなにケガをしてほしくない**からです。まだ体がしっかりとできあがっていない時期にボールの投げ方が悪いと、体によけいな負担がかかって、そのうち肩やひじをこわしてしまうことになりかねません。一度、間違った投げ方が身についてしまうと、がむしゃらに練習をがんばればがんばるほど、ケガをする可能性が高まってしまいます。私たちが子どものころからプロ野球を引退するまでの長い間、ずっと野球を続けてこられたのは、少年時代にキャッチボールを通じて正しい投げ方をマスターしてきたからなのです。

残念ながら、なかにはずっと正しい投げ方を続けていたのに故障してしまう選手もいないわけではありません。人間の体はひとりひとり違うので、生まれつきケガに強い体質と弱い体質があるのはしかたないこと。それでも間違った投げ方をしているよりは、少しでも早いうちに正しい投げ方を身につけたほうが、ケガをする確率はグンと低くなるでしょう。

正しいキャッチボールをしてほしいもうひとつの理由は、いずれ高いレベルでの野球を目指すなら、どうしても**守備を重視しなければいけない**ということです。みんな攻撃のときは楽しいから、バッティングばかりに目がいきがちですが、どんなにすごいスラッガーでも守備がダメな選手は試合に出るチャンスが限られてしまいます。もちろん打撃も重要なのですが、バッティングは試合に出ているうちによくなっていくことも少なくありません。

たとえば、私たちのPL学園の後輩で、2012年に見事2000本安打を記録した元・東京ヤクルトスワローズの宮本慎也《みやもとしんや》選手なども、プロ入りしたばかりのころは、どちらかといえば「守備の人」だと思われていました。ところが、堅実《けんじつ》な守備力を買われて試合にたくさん出ているうちに、バッティングでもグングンと実力をつけてきて、ついには強打者の勲章《くんしょう》である2000本安打まで達成することができたのです。

守備ではボールを捕るときよりも、投げるときのほうが意外とミスが多いものです。捕ることは、あとから猛練習すればうまくなることもあるけれど、投げるほうは早いうちにキャッチボールで基本を身につけておく必要があります。キャッチングはうまくできても、スローイングが悪くて暴投ばかりしているようでは守るポジションがなくなってしまいます。**レギュラーとして長く試合に出る**

ためには、守り＝スローイングがきちんとできなくてはダメ。そのためのキャッチボールだと思えば、みんなもけっしておろそかにはできないはずです。

POINT ポイント1 投げるときはよけいな力を抜いて腕をしならせる

POINT ポイント2 正しいキャッチボールは試合に出るための近道

正しいキャッチング姿勢はキツイもの

スローイングの次はキャッチングの話をします。せっかくキャッチボールの成果が出てスローイングがうまくなっても、飛んできたボールを捕らなければどこにも投げることはできません。ここでは、おもに野手の前にゴロが飛んできたときのキャッチングについて説明します。

硬式と軟式ではバウンドしたときのボールの弾《はず》み方が少し違いますが、飛んできたゴロを捕るときの姿勢は基本的に同じです。まずいちばん大切なのは、**しっかりと腰を落とすこと。**単純なことですが、これが基本中の基本です。みんなもこれはよくわかっているはずですね。

ところが、実際にプレーしているところを見てみると、腰が高いまま、体全体でグッと沈むことができていない選手がとても目立ちます。なかには、気持ちだけ「とにかく姿勢を低くしなくちゃ」という意識が先走って、ボールに向かって頭だけ突っこんでいってしまう人も少なくありません。

上半身だけが前のめりになっている状態だと、自分では姿勢を低くしているつもりでも、まわりから見れば前かがみになっているだけですから、ボールを弾《はじ》いてしまったり、バウンドを合わせそこなって後ろにそらしてしまうエラーが増えてきます。頭が突っこんでいなくても、腰が高い姿勢のままでゴロに向き合うと、トンネルしてしまうことも多くなるでしょう。ここぞというとき、たくさんの仲間が見ているなかで、またの下をトンネルなんてカッコ悪いものです。

そんなことにならないように、みんなはしっかりとひざを曲げて腰を落とし、いまのうちから正しい捕球姿勢を身につけてほしいと思います。

きちんと下半身を使って体全体を低くできているか、それとも腰を曲げて上半身を下げているだけなのか、どちらに見えるか、お父さん、お母さんにチェックしてもらいましょう。ポジション別では、ショート、セカンドはバッターから距離があるからそんなに体を低くする必要はありませんが、ファーストとサードは強い当たりが飛んでくる可能性が高いので、体の近くを打球に抜かれないように少し低くかまえます。
　まずはピッチャーがモーションに入ったら、高すぎず、低すぎず、前後左右に自由に動ける体勢でボールを待ち、ボールが自分の守備範囲に飛んできたら、先ほど説明した正しい捕球姿勢をとってしっかりキャッチするということです。

　みんな、キャッチングのかまえはわかりましたね？　ただ、ここでひとつ大きな問題があります。野球教室のときに、参加した子たちに正しい捕球の姿勢を教えながら実際にやってもらうと、ものの1分もしないうちに、みんな苦しそうに「ハァハァ」と言いはじめ

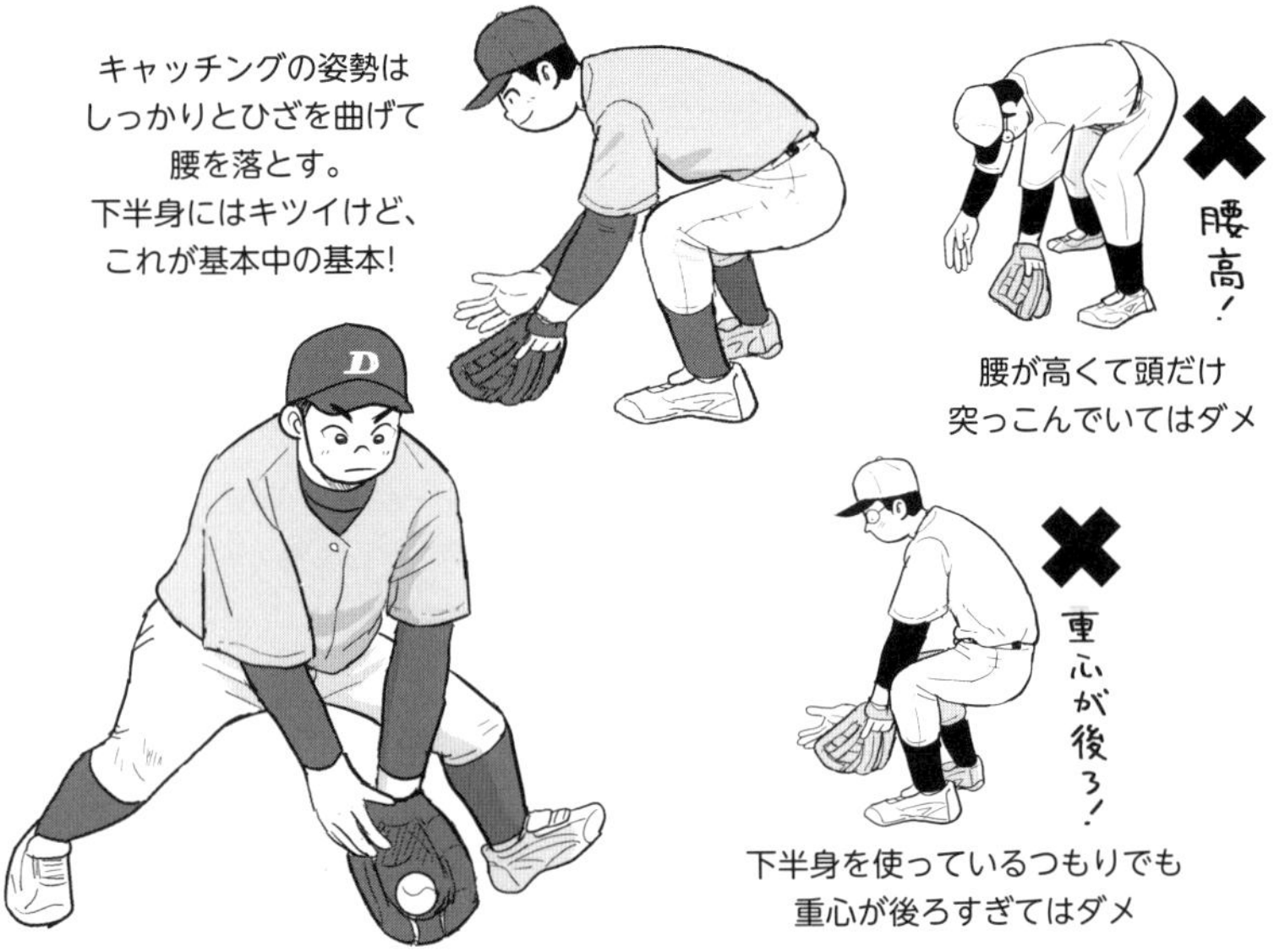

キャッチングの姿勢は
しっかりとひざを曲げて
腰を落とす。
下半身にはキツイけど、
これが基本中の基本！

腰が高くて頭だけ
突っこんでいてはダメ

下半身を使っているつもりでも
重心が後ろすぎてはダメ

るのです。

　そう、じつは**野手がボールを捕るときの正しい姿勢というのは、体力的にはとてもキツイもの**なのです。実際にやってみればわかりますが、すぐに太ももがパンパンに張ってくる。だからみんな、少しでもラクをしたくてついつい腰高《こしだか》になったり、ひざを曲げるかわりに腰を曲げてごまかそうとするのでしょう。

　でも、本当にうまくなりたかったら、ゴロを捕るときには下半身の力をうまく使わなければなりません。下半身の力を最大限に使える人が、いい野球選手になれる人。そのためにも下半身のトレーニングは欠かせないのです。

　下半身の力を強化しながら、同時に正しいキャッチングの姿勢を身につけるために、私が少年のころにやっていた方法をひとつ紹介しましょう。

　まず、自分でしっかりひざを曲げて腰を落とした捕球姿勢をとります。次に、**その体勢をくずさないまま、何度も何度もボールのカベ当てをする**のです。

　地味でしんどい練習に見えるかもしれませんが、これをくり返していると、自然と体が正しい捕球姿勢を覚えてくる。そして、実際の試合で守備についたときに、腰を落とした体勢をとってもあまりキツイとは感じなくなってくるのです。私が22年間、中日ドラゴンズの内野と外野を守り続けることができたのも、昔のこうしたトレーニングのおかげかもしれません。みんなも、ぜひ根気よく続けてほしいですね。

もうひとつ、キャッチングでは腕の使い方も大事です。内野手はよく「ワキをしめろ」と言われますが、じつはあまりしめすぎてもよくありません。ワキをしめることを意識するあまり上半身の動きがガチガチで、スムーズにボールを捕りにいけなくなってしまいます。かといって、ワキが開いて腕が体から離れ、グローブがブラブラしているのはもっとダメ。

ためしに、野手になってゴロを捕るつもりで、実際に両腕を体の前にかまえてみてください。そのとき、ワキをしめすぎても開きすぎても、どちらも肩にヘンな力が入っているのがわかるはずです。そのような状態ではスムーズなキャッチングはできません。

　ひとつの方法として、グローブをつけずに素手《すで》の状態でお父さんやお母さんにゴロを投げてもらうといいでしょう。家のなかでゴムボールでもかまいません。ボールを投げられたときに素手で捕りにいこうとすると、手はふしぎと自然に動くものです。その感覚を忘れないでください。グローブをつけたときも、その**素手で捕りにいった感覚と一緒でいい**と思います。
　ちょうどいいのは、開きすぎず、しめすぎず、肩に力の入らない自然体のかまえ。下半身とは違って、上半身については自分がいちばんラクな姿勢がそのまま正しいフォームなのです。

POINT ポイント1　ゴロを捕るときはキツくてもひざを曲げて腰を落とす

POINT ポイント2　腰を落としたまま力べ当てすると下半身が強くなる

好きな選手のまねをしてみる

ここでちょっと発想を変えて、ひとつひとつのプレーとは別の話をしてみましょう。私たちが野球教室を開いてみておどろくことのひとつは、いまの野球少年たちに「好きなプロ野球選手」がいないということです。

参加してくれた子たちに、「キミたちのいちばん好きなプロ野球選手はだれかな？」とたずねてみると、数人の口からは「イチロー選手！」とか「ダルビッシュ選手！」といった名前があがってくることもあります。でも、ほとんどの子は「特にいません……」「あまり知りません……」といった感じで、具体的な選手の名前が出てこないことが多いのです。

最近はプロ野球のテレビ中継自体が減ってしまったことが、いちばんの原因なのかもしれません。あるいは、テレビ中継はやっていても、みんなゲームやメールや塾の勉強に忙しくて見るヒマがないのかもしれません。昔と違って、ごはんを食べながらナイター中継を見ているような家庭も少なくなったのでしょう。

いずれにしても、野球をやっている子なのに好きなプロ野球選手がだれもいないというのは、元プロ野球選手の私たちもガックリ。ちょっとさびしいですね。プロ野球界の将来にとっても心配なことですが、じつはこれ、野球少年がグングンうまくなるためにもちょっと困った問題だと思います。

なぜなら、**少年たちにとって「好きな野球選手のまねをする」というのは、とても大事なこと**だからです。私たちが子どものころは、王貞治さんをはじめ、いつもあこがれのプロ野球選手のまねばかりしていたものでした。ときには、「○○選手、打ちました！　大きい、大きい、ホームラン‼」なんて実況まで叫びながら、感動のシーンをまねすることもありました。まわりにいる野球がうまい子たちも、みんなものまねがじょうずでした。

どんなスポーツでも同じですが、野球もプレー中に自分がどんなフォームで投げているのか、どんな打ち方をしているのか自分ではわかりません。でも、うまくなるには自分の動きを頭のなかでイメージすることがすごく大切なんです。

そのとき、**好きなプロ野球選手のまねをすれば、自分の動きをイメージしやすくなります。**一流選手のまねをすれば、自然といいかまえになるし、いい投球フォーム、いいスイングになります。好きなプロ野球選手の動きは、投げ方でも打ち方でもカッコいいと感じるでしょう。カッコいいということは、いいかまえをして、いい打ち方をしている、きれいな投げ方をしているということなのです。

たとえば、野球教室ではこんなことがよくあります。

ピッチング練習をさせてみたけど、投げ方がギクシャクしてうまくボールがコントロールできない子に対して、「ひじの位置をもう少し高く……」とか「足の上げ方がちょっと足りないね……」などと言葉で説明しても、なかなかすんなりとはこちらの思っている感覚が伝わらないものです。

そんなとき、「キミは、プロ野球選手ではだれのファンなのかな？」と聞いてみて、具体的な名前が出てくるようだと話は早い。

「じゃあ、〇〇投手になったつもりで投げてみたら？」と言うと、**それだけで、**

ものすごくいい投げ方になったりするからふしぎなもの。もし、ダルビッシュ投手が好きならば、「ダルビッシュみたいに投げてみようよ」というアドバイスがビックリするくらい効くんです。

守備にしても「腰を落として、しっかり捕れ」と言われたって、「腰を落として捕る」というのがどういう状態なのか、みんな頭のなかですぐにはイメージできないでしょう。でも、〝守備の名手〟といわれる東北楽天・藤田一也《ふじたかずや》選手のプレーを見て、そのまねをすれば、自然と腰を落としてしっかりゴロを捕るという感覚がつかめるはずです。

言葉でこまかくあれこれ言うよりも、好き

野球少年は
たくさん野球の
試合を見て、
好きなプロ野球選手の
まねをしよう。
あこがれの選手に
なったつもりで
自分をイメージして
みることが大切だ。

な選手のまねをしたほうが、ずっときれいな動きになります。だから、みんなには**野球の試合をたくさん見て、自分の好きな選手を見つけて、その選手の動きをどんどんまねしてほしい**と思います。好きな選手の、カッコいいと思うシーンを何度もくり返し見て、「こんなふうに投げたい」「こんなふうに打ちたい」とあこがれてほしいですね。

毎日の生活のけじめは大事ですが、お父さん、お母さんも、お子さんになるべくたくさん野球中継を見せてあげてください。たまにはスタジアムにもつれていってあげてください。そして、お子さんとプロ野球選手のプレーについてあれこれ話してください。一緒に、「こんな感じのフォームかな」「うん、よく似てる」とチェックするのも楽しいものです。

あまりプロ野球には関心がなかったり、どうしてもテレビ中継を見る時間がない場合は、別にお手本はプロ野球選手でなくてもかまいません。同じチームの先輩やチームメイト、あるいは相手チームのライバルでもいいから、「あの選手、うまいな」「すごいな」と思ったら、その人のことをしっかり見ましょう。

少年のうちにたくさん野球を見て、いろいろな選手のまねをすることで、少しずつ自分の形ができてくるのです。

POINT ポイント 1
たくさん野球の試合を見て自分の好きな選手をつくる

POINT ポイント 2
好きな選手の打ち方や投げ方をまねしてみる

野村弘樹氏が毎年、
三重県四日市市で行っている
野球教室。基本の大切さを
少年たちに伝える。

トスバッティングの正しいやり方

さあ、次はお待ちかね、みんなが大好きなバッティングの話です。

といっても、この章の目的は、野球のなかでこれだけは必要だという「基本中の基本」をしっかり身につけることだから、いきなりホームランをポンポン打てる方法を教えるわけではありません。

私は、プロ野球の世界で２４８０本のヒットを打つことができました。そんな私がこの本でバッティングについて少年たちに真っ先に伝えたいのは、**トスバッティングの大切さ**です。

ふたりがひと組になり、ひとりが近くからボールを投げて、もうひとりがバットでコツンと打ち返すのがトスバッティング。投げるほうは打ちやすいボールをゆっくり投げ、打つほうはワンバウンドになるように投げ手の正面に打ち返す。

せっかくバッティングの話になったのに、そんなフルスイングしない地味な練習なんてつまらない……と、ガッカリするかもしれませんね。でも、このトスバッティングを私はとても重要なことだと考えています。なぜなら、**トスバッティングの動きには「バッティングの基本」がすべてつまっている**からです。

野球をやっている人ならば、みんなトスバッティングをした経験はあるはずです。ほとんどのチームでおこなっている、ごくありふれた練習メニューといっていいでしょう。でも、このトスバッティングを本当に正しくやっているかどうかで、ひとりひとりのバッティングの上達具合は大きく違ってきます。

まずいちばん大事なポイントとして、バッターが投げ手の正面にワンバウンドで打ち返すためには、**バットが内側から出てくる「インサイドアウト」の軌道《きどう》で振らなければなりません。**具体的には、後ろ腕のひじ（右バッターなら右ひじ、左バッターなら左ひじ）をみぞおちのあたりに入れ、グリップエンドから刺《さ》していくようなイメージでバットを振ります。

このインサイドアウトのスイングをしないと、投げ手が捕れる範囲には打ち返せません。とくに、体の近くにきたボール（内角球）を投げ手の正面に打ち返すためには、バットをしっかりと内側から出す必要があります。バットが遠回りしたらボールに当たらないし、当たっても打球が右や左の方向にズレて飛んでいってしまうでしょう。

　手首をこねてしまったり、体からひじが離れてワキが開いてしまうような打ち方（ドアスイング）をすると、たまたまバットの芯にボールが当たることがあっても、打ったボールがどこに飛んでいくかわからない。そんな間違った打ち方をしていては、いくら長い時間トスバッティングの練習をしても、なかなか上達にはつながりません。

　ゆるいボールでもいいから、しっかりとインサイドアウトの軌道でバットを振り、投げ

ワキの開いた
「ドアスイング」では、
たくさん打っても
上達できない。

トスバッティングでは
バットを身体の内側から出す
「インサイドアウト」の
スイングで打つ。

手の正面に打ち返すことで、正しいバットコントロールの技術、やわらかなバッティングの腕の使い方が自然と身につくのです。

もうひとつ、トスバッティングをやるときに覚えておいてほしいことがあります。それは、しっかりとワンバウンドで打ち返すためには、**バットのヘッドを立てなければいけない**ということ。

バットのヘッドが下がっていると、どんなにゆるいボールを打っても小フライになったり、ボテボテのゴロになったりで打球が安定しません。まぐれで投げ手の正面にワンバウンドで打ち返せることがあっても、それを何球も続けることはできないでしょう。バットのグリップの位置から、くるボールのラインを予測して、レベルスイング（水平なスイング）で打つことが重要です。

いまのうちに正しいスイングを身につければ、将来バッティングで悩むことが少なくなります。みんな、ヘッドを立ててインサイドアウトの軌道で自然にバットが出るようになるまで、くり返し、ていねいにトスバッティングをやってほしいと思います。トスバッティングはひとりではできないので、ちょっとした空き時間を見つけて、ぜひお父さん、お母さんが投げ手をつとめてあげてください。

近い距離からのボールを投げ手の正面に打ち返せるようになったら、今度は少し離れたところから速いボールを投げてもらいましょう。ボールのスピードが速くなっても、トスバッティングと同じインサイドアウトのスイングで打ち返してみてください。今度は少し強く振ってみましょう。野手が守備位置についてのフリーバッティングの練習でも同じような打ち方でためしてみればいいと思います。

そして、どれほど野球のレベルが上がっても、**「バッティングの調子が悪いな」と感じたら、必ずトスバッティングに戻る**ようにしましょう。打席に立っても凡退ばかりで、さっぱり打てないときは、トスバッティングをしてみて正しいバットコントロールはどうやればいいのか思い出す。そうすれば、必ず打撃の調子を取り戻すきっかけをつかめるはずです。

トスバッティングは少年野球からプロ野球まで、チームのレベルに関係なく取り組める練習メニューです。どんなにすごいプロの強打者でも、けっしてトスバッティングをおろそかにはしません。それはやはり、トスバッティングにはバッティングの基本が全部ふくまれているからなのです。

POINT ポイント1 トスバッティングはインサイドアウトの軌道でスイング

POINT ポイント2 打撃の調子が悪くなったら必ずトスバッティングに戻る

野球教室で少年たちに教える立浪和義氏。みんな真剣な表情でその言葉に聞き入っている。

塁に出たときに覚えておきたいこと

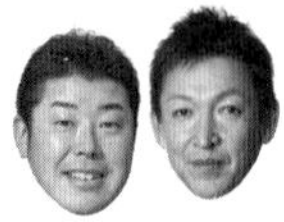

見事なバッティングでヒットを放ち、塁に出た。さあ、その瞬間から得点を期待されるランナーだ。ホームベースを目指してダイヤモンドをかけめぐる。間違っても凡ミスでアウトになるわけにはいかない……。

野球の試合では、自分がそんな立場になることがよくあります。ところが、最近の少年野球は、キャッチボール、ノック、バッティング練習やバント練習にはたくさん時間を使うのに、走塁の練習は意外とやっていないチームが多いようです。そこで、私たちの野球教室では、打つこと、投げることのほかに、走塁について教えることも心がけています。野球チームに入っていてもベースランニングをうまくできない子がたくさんいるから、せめてベースの回り方くらいはきちんと覚えてほしいのです。

いざ試合になれば、走塁のうまさ次第でかなりの差がついてしまうことが少なくありません。ランナーの一瞬の判断でチャンスが広がることもあるし、ヒットが打てなくても点を取ることができます。

　みんなにも経験があるかもしれませんが、走塁の基本がしっかり身についていないと、ランナーになったときになんとなくそわそわしてしまうものです。リードも小さめになって、盗塁や進塁するのもためらいがち。せっかくヒットを打ったり、フォアボールを選んで出塁したというのに、おそるおそる走っているようではあまり楽しくなくなってしまいます。

　もっと自信をもって堂々と走るための第一歩として、まずはベースランニングから覚えましょう。たとえば、1塁ランナーが次打者のヒットで2塁から3塁をねらうとき、あるいはバッターが長打を放って1塁から2塁、さらに3塁をねらうとき。どちらも走りながらベースを踏んで、次の塁に進むことになります。

　そのとき大事なのは、**必ず進行方向から見てベースの「左手前の角《かど》」を踏むように心がけること。**野球のベースランニングは反時計回りなので、なるべく小回りするためには左手前の角を踏むのがいちばん速い。そのとき、できるだけ左足でベースを踏むようにしましょう。利き足に関係なく、歩幅をうまく合わせて左足で踏むのがいちばんスムーズです。

そして、ベースを踏む手前では**あらかじめ外側に少しふくらんで、体をやや左側（ベースの内側）にかたむけるようにすること。**ベースランニングは、ベースの位置で走る方向を直角に変えることになりますが、人間の体は走りながらいきなり直角に曲がれるようにはつくられていません。手前で少しふくらんで体をかたむけないとスピードが落ちてしまうし、足首などに思わぬケガをするおそれ

ベースランニングのときは
左足でベースの左手前の角を踏む。
少し身体をかたむけて、
できるだけスピードを
落とさないように。

もあります。

走塁のなかでも、結果によってはチームに大きく貢献できる可能性があるのは盗塁です。盗塁のスタートを切るにはものすごく勇気が必要ですが、みんなもいまのうちはチャンスがある限りチャレンジしてほしいと思います。

とくに相手が強いチームの場合は、ピッチャーのボールは速いし、けん制球を投げるテクニックやクイックモーションもうまいはず。きっとキャッチャーの肩も強いでしょう。それでもなお、勇気を出して走れるかどうか。結果がアウト、セーフにかかわらず、そこでチャレンジできればランナーとしてレベルアップできると思います。

ただし、いくら勇気があるからといって無謀なチャレンジはダメです。イニングやアウトカウント、点差、バッターの打順によって、盗塁をする、しないの判断ができるようにならなければいけません。自分がランナーになったときは、必ず**「盗塁にチャレンジしてもいい状況かどうか」**を考えるようにしましょう。

塁に出たときのリードは大きければ大きいほど投手にプレッシャーがかかります。そのかわり、けん制アウトになった場合は、試合の流れを変えてしまうプレーになります。ポイントは、日ごろの練習で自分のリードの距離を把握《はあく》しておくこと。そして、たとえば、けん制球がじょうずでない投手にはふだんよりも少し大きく。一方、うまい投手であればいつもより短めになどと工夫しながら、自分が帰塁《きるい》できるリードの距離を状況に合わせてつねにとれるように身につけていくことが大切です。

POINT ポイント1 **ベースランニングはベースの左手前の角を踏む**

POINT ポイント2 **塁に出たら盗塁にチャレンジしてもいい状況か考える**

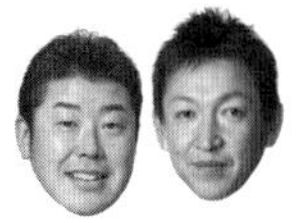

自分の野球用具は自分でみがく

第1章の最後は、試合中にやることではないけれど、とても大事な話です。

それは、**「自分の野球用具は自分でみがく」**ということが、野球をする者にとって基本中の基本だということ。

「なんだ、そんなことはグラウンドでのプレーと関係ないよ」と思ったら大間違い。ちゃんとプレーと関係があります。いざというときに用具が自分を助けてくれることが、本当にあるんです。日ごろからグローブをちゃんと手入れしておくと、ピンチのとき、捕れそうもなかったボールが捕れることがよくあります。ふしぎに思うかもしれませんが、私たち自身、ボーイズリーグ、高校、プロを通じた長い野球人生のなかで、そんなふしぎな場面を実際に何度も体験してきました。

毎日の生活できちんとけじめをつけたり、まわりの人に感謝のできる選手になるためにも、野球用具の手入れはすごく大事なこと。どんなに野球がうまくなっても、チームのなかで先輩の立場になっても、自分のグローブやスパイクは、自分できちんとみがかなければダメです。

私たちは少年時代、親にこんなことを言われたことがあります。「お前が大きくなったら、グローブ、スパイク、バットがお金を稼《かせ》いでくれるんだ」と。もちろん、そのころから将来はプロ野球選手になれると思っていたわけではありませんが、テレビ中継であこがれのプロ選手たちがつけている黒光りするグローブを見ては、「どうすればあんなにピカピカになるんだろう」と考えながら、毎日、せっせと自分の用具を手入れしたものです。

その日の練習が終わって家に帰ったら、まずボロきれでグローブ、バットの汚れを落とします。スパイクはブラシで泥《どろ》を落としてから、きれいにみがきます。翌日に試合があるときには、スパイクのヒモもいったん全部はずしてから通し直しました。グローブにはときどき専用のオイルを塗《ぬ》ることも必要です。

野球のハードな練習をしたあとでどんなに疲れていても、用具の手入れだけは休まないこと。「今日くらいはいいかな……」とサボりたくなっても、必ず用具の汚れを落としてからお風呂に入る。これを日課にすることを心がけましょう。お父さんやお母さんが買ってくれた野球用具は、**自分の体の一部だと思って大切にしてほしい**と思います。

野球教室のときに参加者のグローブやスパイクが汚かったら、見ているこちらも悲しくなるものです。親が一生懸命に働いて買ってくれた野球用具を大事に使うことは、プレーする以前にいちばん大切なこと。本当はその〝人としての気持ち〟の部分がいちばん重要なのです。サッカーなどにくらべると野球用具は高価なので、それを使ってプレーできる

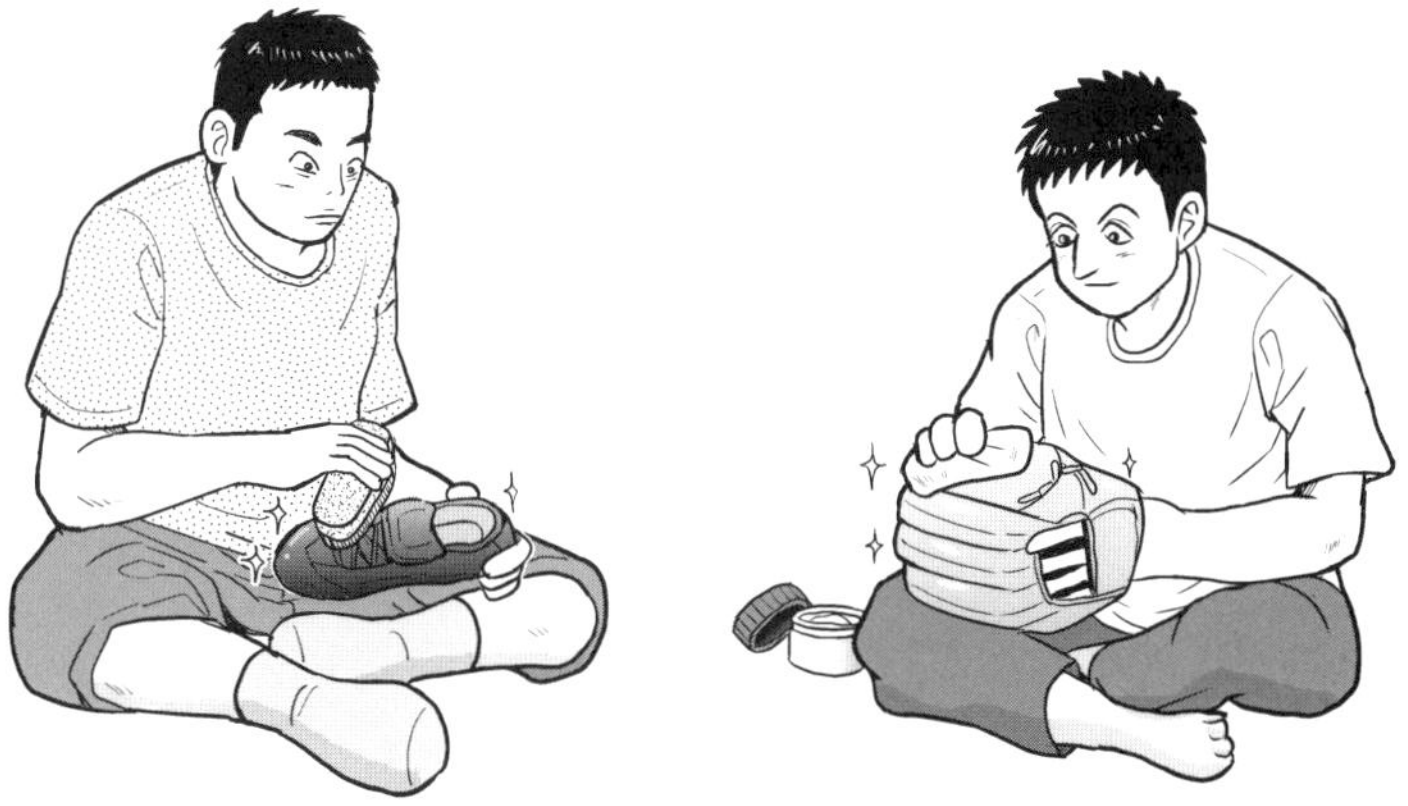

どんなに疲れていても、自分の野球用具は自分でみがこう。
一流のプロ野球選手はみんな用具を大切にしている。
気持ちもすっきりして、必ずいいプレーにつながる。

ことに感謝の気持ちを忘れないでください。

以前、プロ野球でもこんなことがありました。

まだメジャー入りする前、阪神タイガースのファーム（二軍）が練習する鳴尾《なるお》浜《はま》球場を使って自主トレをしていた藤川《ふじかわ》球児《きゅうじ》投手が、ブルペンにあるロッカールームをのぞいてみたところ、なかには泥のついたスパイクや、汚れた練習用具が散らかったまま放置されていたのです。ファームの選手たちが、練習に使った野球用具を雑《ざつ》にあつかっていたのでしょう。それを見た藤川投手は「これでは若い選手がロクな野球選手に育たない」と言って、ものすごく怒ったそうです。

私たちも、藤川投手の気持ちはよくわかります。ＰＬ学園で先輩の清原和博《きよはらかずひろ》さんは、バットが折れても絶対にゴミ箱に捨てたりはしませんでした。すべて家に持って帰って、あとから1年分のバットをまとめて供養《くよう》してもらっていました。

阪神タイガースなどで活躍した新庄《しんじょう》剛志《つよし》さんは、引退するまでたったひとつのグローブをていねいに修理しながら使い続けたといいます。イチロー選手も引退した松井《まつい》秀喜《ひでき》さんも、どちらも用具を大切にすることで知られています。超一流のプロと呼ばれる選手たちは、みんな同じなんですね。

いつも野球用具をピカピカにみがいて、きれいにしてからグラウンドに入れば、心もきれいな状態で練習や試合にのぞむことができます。反対に、道具が汚いままだとどこか気持ちもスッキリしないので、いいプレーをすることはできません。いくら野球がうまくても、用具を大事にしない選手は、どこかでカベに当たって伸び悩んだり、挫折《ざせつ》したりしてしまうものです。

さあ、これを読んだら、自分のグローブやスパイクが汚れていないか、いますぐチェックしてみましょう！

POINT ポイント1　**自分の野球用具は必ず毎日自分で手入れする**

POINT ポイント2　**しっかり手入れした用具は試合で自分を助けてくれる**

第2章
ステップアップのための体づくり

この章のねらい

野球はハードなスポーツなので、プレーするには体力が必要です。私たちも、ボーイズリーグ、ＰＬ学園、プロ野球のキツイ練習メニューを、歯を食いしばってこなしてきました。ただ、野球にはいろいろなポジションがあるし、試合のなかでもさまざまな場面があります。だから、野球に必要な体力は、ただ力が強いとか、走るのが速いというだけではダメ。重いバーベルを持ち上げられるからホームランが打てるわけではありません。まだ成長段階の野球少年たちにはパワーやスピードだけではなく、将来のステップアップにつながる体づくりを学んでほしいと思います。

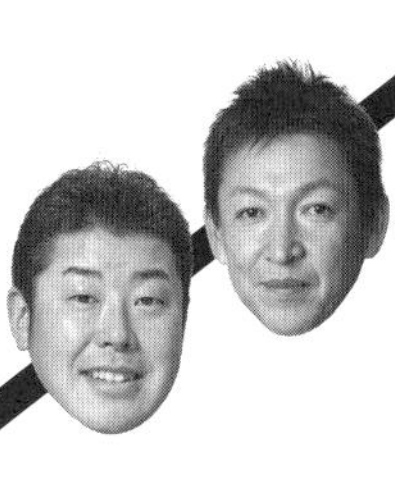

単純なトレーニングには必ず効果がある

いまはウエイトトレーニングの方法がずいぶん進化しています。野球のための体力づくりも、最新式のととのった設備を使用して、専門のトレーナーの指導でおこなえる環境があれば、それはすばらしいことです。

ただし、野球に関していえば、**自分の体重を利用した単純なトレーニングだけでも、必要な体力づくりはじゅうぶんできる**ことを知っておいてください。とくに少年のうちは、高いお金を払ってスポーツジムなどに通うよりも、家や学校、近所の公園などでできる簡単なことをまずしっかりやってみましょう。

私は子どものころから体が小さかったから、いつも「体の大きな人には絶対に負けたくない」という思いを強く持っていました。体の大きさではとうていかなわない相手に、野球のプレーで勝つためにはどうすればいいのか？

小さいなら小さいなりに少しでも体を鍛《きた》えるしかないと考えた私は、いろいろなトレーニングをやってみました。家の近くの河川敷《かせんしき》を毎朝ランニングしたり、腕立て伏せ、公園の鉄棒を使っての懸垂《けんすい》、腹筋運動や背筋運動をしたり、鉄アレイを上げ下げして腕力を鍛えたり……。

学校から家に帰ってきてお風呂に入る時間も、何かできることはないかと考えました。そして、湯船につかったまま、お湯を手でかく運動を延々と続けてみたのです。ほかの人から見たらヘンなやつだと思われるかもしれませんが、水の抵抗を感じながら手を動かすことによって、スローイングやバッティングに必要な手首の力がずいぶん鍛えられたと思います。

もちろん、こうした体力づくりのトレーニングは、ちょっと鍛えたからといって突然、力がつくわけではありません。いまから1年後、2年後のために、じっくり体をつくるつもりでやらないとダメ。1ヵ月、半年、1年と根気よく続けることで、ようやく成果は見えてくるものです。

ひとくちに単純なトレーニングといっても、腕立て伏せ、腹筋といった、どのスポーツにも共通する運動とはべつに、野球ならではの独特な方法もあります。その代表的なものといえば、なんといってもバットの「素振り」でしょう。

野球をするうえで、素振りは本当に大事です。正しい素振りは、第1章の「トスバッティング」の項目でふれたような、バットのヘッドを立てたインサイドアウトのスイングを体に覚えこませることができます。

そして、それだけではなく、バットをたくさん振ることによって、自然とバッティングに必要な筋肉も体についてくるのです。**素振りという単純なトレーニングのなかに、打撃テクニックの習得と体力づくりが両方ともふくまれています。**まさに一石二鳥といっていいでしょう。

素振りをするときは下を向くのではなく、ちゃんとピッチャーをイメージして、ピッチャーの方向を見ておこなうこと。そして、なんとなく自分の振りやすいところばかり振るのではなく、アウトコース、インコース、高め、低め、など実際のボールのイメージをもって素振りすることが大切です。

これは私の経験ではなく野村から聞いた話ですが、少年時代の野村は、ただ素振りをするだけじゃなくて、お父さんがどこかから手に入れてきた長い竹ざおをブンブン振っていたそうです。いまどき、なかなか見かけないユニークな練習風景ではありますが、別に野村家が変わったことをするのが好きだったわけではありません。これにはちゃんとした理由があるんです。

長い竹ざおは正しいスイングでないと真っすぐ振ることができません。ワキの甘い、腕力まかせの大振りだと、どうしても先っぽが波うってしまいます。逆にワキをしめて、しっかり腰を回転させたインサイドアウトのスイングをすれば、長い竹ざおでもバットのように力強く振ることができます。つまり野

野球ならではの運動が素振り。
竹ざおでの素振り、
バットでのタイヤたたきは
正しいスイングを身に
つけるための工夫のひとつ。

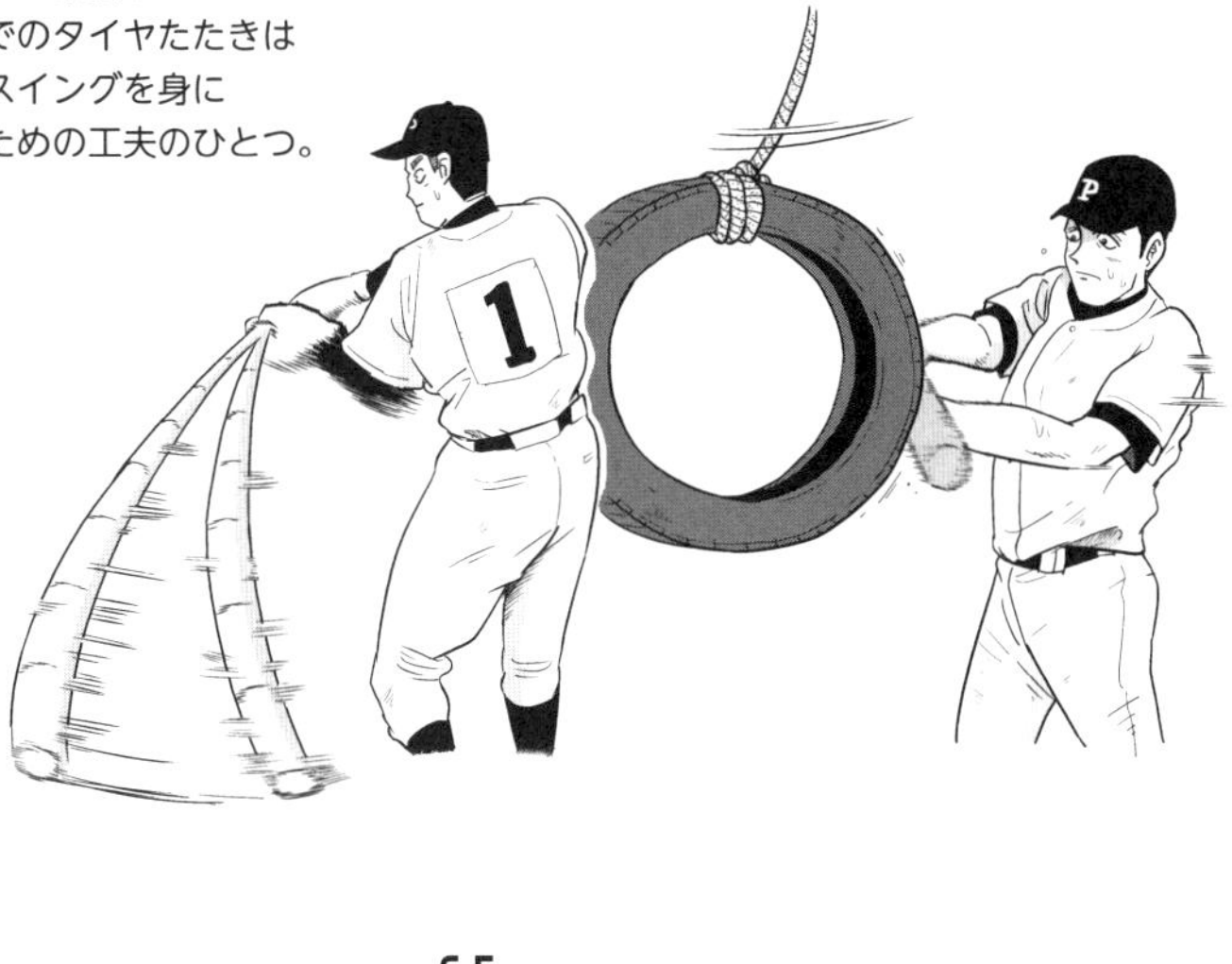

村少年は、スイングの正しい軌道を体で覚えるために長い竹ざおを振っていたのです。

それから、野村家では駐車場に置いた古タイヤをバットでたたく練習もしたそうです。こちらは私もやったことがあり、父にストライクゾーンの高さに設定してもらいました。古タイヤをバットでたたく練習をするのは、インパクトのタイミングを知り、その瞬間の力強さをつけるためです。バッティングではバットがボールに当たる瞬間に最大の力を出すことが大事なのですが、ふつうの素振りではなかなかその感覚はつかめません。それが、古タイヤをたたくことによって、どこで力をこめればボールが強く飛ぶのかを直感的に理解することができます。しかも、タイヤをたたけば手首が強くなるし、上腕《じょうわん》や胸の筋力もついてくるのです。

ピッチャーでありながらPL学園時代は5番バッターをつとめ、プロに入ってからも6本ものホームランを打った〝スラッガー〟野村の秘密はこんなところにあったんですね。

最近は、科学的で効率のいいトレーニング法ばかりがもてはやされて、腕立て伏せとか素振り、ましてやタイヤたたきなどは「古くさいやり方」ときらわれがちですが、**単純なトレーニングはけっしてウソをつきません。**お風呂のなかで手首を鍛えたり、竹ざおで素振りをしていた私たちが、実際にプロ野球に入って活躍できたことがなによりの証拠です。

いまは家で古タイヤをたたいたりすると近所から苦情がきそうですが、野球をがんばる子どもたちのために、ぜひそんなチャンスもつくってあげてほしいですね。やれば必ず効果はあるので、コツコツと続けましょう。

POINT ポイント1　自分の体重を利用した単純なトレーニングでじゅうぶん

POINT ポイント2　素振りは技術と体力が身につくので一石二鳥

10回でもいいから、毎日続ける

単純なトレーニングは必ず効果があるから続けようと言うと、あちこちから「それができれば苦労はないよ！」という声が聞こえてくるかもしれません。

たしかに、だれだって「しんどいな」とか「もういいや」と思うことがあります。人間だから、ラクをしたくなるのは当たり前。私も「今日くらい、サボってもいいかな……」と思ったことが何度もありました。でも、私の場合はそれ以上に野球がうまくなりたい気持ちが強かったし、じつは意外とコツコツやるのが好きな性格だったので、なんとか踏みとどまることができたのです。

単純な体力トレーニングにしても、ボールを使った技術練習にしても、**野球がうまくなりたかったら、コツコツ続けていくしか方法はありません。**

もちろん、いくら一生懸命やってもうまくいかないときもあるでしょう。そんなときは自分のやっている練習を信じられなくなってしまうかもしれません。

「まじめに腕立て伏せしても、ちっともレギュラーになれないよ」「こんなにたくさん素振りしても試合でヒットを打てないんだから、してもしなくても同じだろう」というふうに。

けれども、そこでやめてしまったら、その時点でキミのチャレンジは終わってしまいます。昔からよく言われているように「継続《けいぞく》は力なり」。**どんなスポーツでも、「もうダメだ」と思ってからが本当の勝負。**「もういいや」と思ったそのときに、もう一回がんばれるかどうか。ライバルと差がつくのは、そこなのです。

私も少年時代、まじめにハードな練習を続けているのに、なかなか結果に結びつかないことがたくさんありました。けれども、それでもがまんして続けていれば、たまにポンとすばらしい結果が出るときがあるんです。三遊間の深いところから投げた送球が1塁にビシッと届いたり、それまで手も足も出なかった剛速球投手からクリーンヒットを打てたり……。とくに少年のうちは**体の成長とともに、できなかったことがある日突然できるようになる**ことがよくあります。

そんなときには、「ああ、あきらめずにやってきて本当によかった。よし、もっとがんばれば、もっとうまくなれる」と自分自身で感じたものです。私が野球をはじめてからプロにたどりつくまでの道のりは、そうやって少しずつステップアップしてきたのです。

もし単純なトレーニングにイヤ気がさして、くじけてしまいそうになったときは、1日に10回の素振り、10回の腕立て伏せ、10回の懸垂、10回の腹筋運動でいいからやってみましょう。体力トレーニングはしんどいからイヤだといっても、さすがに10回ならばそんなにキツイ練習じゃないと思います。10回の懸垂ができないならば、10秒間、鉄棒にぶら下がって体を伸ばすだけでもかまいません。

大切なのは、それを毎日続けることです。「昨日は腕立て伏せを100回やったけど、今日は1回もやらない」というのではダメ。週末に素振りを1000回やったから、残りの5日間はゆっくり休むというのではなかなか力がつかない。残念ながら、トレーニングは〝やりだめ〟することはできません。

もちろん、素振りにしても腹筋にしても、10回という数はちょっと少なすぎるとは思います。最初はそれでもいいけれど、できれば毎日コツコツ続けながら少しずつ回数を増やしていきましょう。たとえば、素振り50回、腕立て伏せ50回、腹筋50回というワンセットは、15分もあればこなすことができます。毎日の歯みがきや朝ごはんと同じような感覚で、これを日課として続けることができるようになれば、しめたものです。

毎日同じメニューを続けることで、体を鍛える以外の効果も出てきます。

私はPL学園時代、毎朝起きたあとに「草むしり」をやっていました。グラウンドのまわりの雑草を引っこ抜いて、キレイな状態にしていく作業です。でも、前日の練習でぐっ

野球がうまくなるには
根気が必要だ。
「今日ぐらいはいいかな……」
という気持ちに負けず、
毎日コツコツ続けることで、
絶対に力はついてくる。

たり疲れているから早起きするのはものすごくつらい。冬は寒いし、本当は1分でも長くベッドのなかで寝ていたい。「もう今日はいいや」とサボってしまう誘惑にもかられました。それでもその誘惑に負けずに、なんとか毎朝草むしりをやり続けることができた。この経験で、私はがまんする力を身につけることができたと思います。世の中に「がまん」とか「忍耐」が好きな人は少ないけれど、じつはスポーツでも勉強でも一番大事なことです。受験前やテスト前など練習不足になりがちなときも、時間は必ず見つかるはずです。言い訳をせず、自分で決めた日課をコツコツ続けていくと、あとで絶対に力になります。

POINT ポイント1 **トレーニングを続けた成果は、突然、ポンとあらわれる**

POINT ポイント2 **最初は少ない回数で日課にして、だんだん回数を増やす**

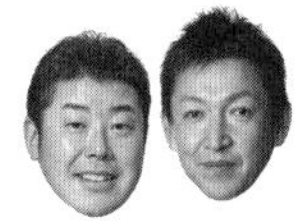

股《こ》関《かん》節《せつ》をほぐして、やわらかくする

第1章の「ゴロの正しいキャッチング姿勢」のところでもふれましたが、私たちが野球教室をやっていていつも気になるのは、参加者たちの体がビックリするほど硬いことです。

とくに股関節がガチガチに硬い子が目立ち、感覚としてはだいたい10人中9人は体が硬い子というイメージです。その結果、動きのなかで下半身をグッと沈みこませることができなくて腰の高い姿勢になってしまう。体が硬いせいで、基本中の基本である野手のキャッチング姿勢も正しくできない子が多いのです。

じつは、これはかなり大きな問題です。なぜなら、野球において股関節の硬い選手は、守ることはもちろん、打っても走っても、**どうしても選手としての伸びしろに限界が出てきてしまう**からです。

ですから、この本を読んでいるみんなは、必ず体の柔軟性を高めて、とくに股関節のまわりをやわらかくするようにしてほしいと思います。プレーと関係ないように感じるかもしれないけれど、これも**野球がうまくなるための重要なステップ**なのです。

赤ちゃんのころはだれもがゴム人形みたいにやわらかかった体も、成長して十代になるとだんだん硬くなる人が増えてきます。生まれつきの個人差もありますが、ふつうは年をとればとるほど体の柔軟性は失われていきます。

それを再びやわらかくするためには、コツコツと柔軟体操をするしかありません。毎日、ストレッチを根気よくやることで、体が硬い人は少しずつやわらかくなっていくし、まだ体がやわらかい人はいまの柔軟性を長くたもつことができるのです。

さまざまなストレッチのなかでも、前屈《ぜんくつ》と開脚《かいきゃく》はとくに大切です。前屈をすることで足（とくに太ももの裏あたり）と腰まわりをほぐし、大きく開脚をすることで股関節のやわらかさを高める。相撲の力士のように、「股割《またわ》り」ができれば理想的でしょう。

前屈や開脚の柔軟体操をするときは自分ひとりでやるのもいいけれど、チームメイトや、お父さん、お母さんに軽く背中を押してもらうことで、さらに効果を高めることができます。

こう書くと、さっそくあちこちから「イテテテテ〜!」という悲鳴が聞こえてきそうだけど、痛いからといってあきらめずに、ムリのない範囲で柔軟体操を毎日続けてみましょう。

お風呂上がりで体が温まっているときのストレッチはとくに効果的です。はじめはほんの少ししか脚が開かないかもしれませんが、

野球をやるなら股関節のやわらかさが必要。
「体が硬いから」とあきらめずに、
柔軟体操を毎日続けて、
少しずつほぐしていこう!

毎日やっていれば少しずつ体がほぐれて、**1ミリでも2ミリでもだんだん大きく開けるようになっていく**はずです。

ピッチャーにとって、股関節のやわらかさはとくに大事なポイントといえます。股関節まわりがやわらかくないと、投球する時、バッター方向にグイッとステップする歩幅が広くならないし、足を広げたときにグッと沈みこんだ低い体勢がキープできません。突っ立ったフォームでは、上半身の力だけに頼った〝手投げ〟になってしまいます。

手投げのフォームでも、肩が強ければ速い球を投げられないわけではありませんが、それをずっと続けていると肩やひじに負担がかかり、そのうち故障してしまうという例が多く見られます。体が硬いままプレーすると、思わぬケガをする可能性が高くなります。ケガを予防するためにも、柔軟体操はおろそかにはできません。

体の柔軟性を高めるストレッチも、「毎日コツコツ続けることが大事」という意味では、素振りや腕立て伏せといったパワー系のトレーニングと同じこと。お風呂上がりや寝る前の10分間でもいいから、忘れずに取り組んでみましょう。

POINT ポイント1 **股関節をやわらかくしないと、野球はうまくなれない**

POINT ポイント2 **欠かさず柔軟体操をすれば、少しずつ体はやわらかくなる**

ピッチングは走ることからはじまる

もしこの本を読んでいるみんながピッチャーをまかされていたり、あるいはこれからエースの座を目指すのならば、ぜひとも次のことを覚えておいてほしいと思います。

ピッチャーは走ることが何よりも大事。**ピッチングは走ることからはじまる**といっても過言《かごん》ではありません。なぜそうなのか、その理由をこれから説明していきましょう。

ひとつはもちろん、体力的な強化をはかる目的です。最近では、長い距離を走るのは野球ではあまり意味がないんじゃないかという意見も耳にしますが、そんなことはありません。長い距離を走ることでピッチングに欠かせないスタミナと下半身の力がつくし、腕も振るからピッチャーとしての体のバランスもよくなる。スポーツジムでバイクマシンをこぐよりよっぽどいいと思います。

「野球選手、とくにピッチャーをやるとお尻が大きくなるからカッコ悪い」なんていう声も聞こえてきます。たしかに、みっちりと下半身を鍛えれば太ももやお尻はパンパンになるから、スリムなジーパンは似合わなくなるかもしれません。

でも、どっしりとした下半身はピッチャーとしての安定感を示すものなのだから、野球少年のみんなはそれを「カッコ悪い」なんて思わないでほしいですね。

それから、長い距離を走ることと同じように、**投手にとっては「ダッシュ走」も大切なトレーニング**です。ピッチャーの動きは、止まった状態から短時間で100パーセントの力を出すことが求められます。その意味で、ダッシュは静止した状態からバッと力を出す、いい練習になるのです。毎日の練習メニューのなかで、10メートルくらいの短いダッシュをくり返すようにしましょう。ダッシュによって下半身の力を鍛える効果のほかに、ピッチャーにとって欠かせないゼロから100パーセントへの体の使い方を覚えることもできるのです。

「ピッチングは走ることからはじまる」という言葉には、体力をつけること以外に、もうひとつの意味もあります。

ピッチャーというのはものすごく孤独なポジション。だからこそ、ひとりで黙々と走ることが必要なんです。ピッチャーは走ることで辛抱《しんぼう》強くなれる。長い距離のランニングも、短いダッシュのくり返しも、どちらもキツイ運動です。だんだん疲れてきてしんどくなってくると、だれだって立ち止まりたくなる。

でも、そこでがまんできるかどうかが、レベルアップできるかどうかの分かれ目。歩いてしまいたくなる気持ちをグッとこらえて、さらに走り続けることで辛抱強くなる。ピッチャーにとって、何よりもこのことが大事。ピッチャーにとって、何よりもこのことが大事。

ピッチャーは
孤独なポジションだ。
たとえキツくても
黙々と走ることで、
ピッチャーに必要な
体力と忍耐力が
身についてくる。

に欠かせない精神面の強さがついてくる。体力と精神力を強くすること。ピッチングは走ることからはじまるという意味がわかってもらえたでしょうか。

ところで、だんだん野球のレベルが上がってくると、試合前のウォーミングアップに軽く走ることで、なんとなく自分の調子がいいか悪いかがわかるようになります。

ピッチャーというのは、実際にマウンドに立ってみないと、なかなか本当の調子はつかめないものです。とはいっても、試合がはじまってから「マウンドに立ってみたら、とても調子が悪かったので打たれてしまいました」というのでは話になりません。

その点、投げる前にその日の調子がある程度わかっていれば、マウンドでそれなりの対処ができる場合があります。たとえば、走ってみて体のキレがないときは、「今日はいまいちストレートが走らないから、三振をとるのは難しそうだ。ていねいに低めに投げて、ゴロを打たせてアウトにしよう」といった具合に。調子が悪いときにどう修正できるかも、いいピッチャーかそうでないかの分かれ目です。その日の調子の見きわめをするという意味でも、走ることは意味があるんですね。

ポイント1 投手には長距離走とダッシュ走がどちらも必要

ポイント2 走る目的のひとつは、投手に必要な精神力の強化

マシンのような桑田さんのフォーム

ピッチャーの走る練習について、最近になって出てきた練習法の話をしてみましょう。前の項目では「ピッチングは走ることからはじまる」といわれる理由を説明しました。ひと口に〝走る〟といっても、長い距離をゆっくり走るランニングと、10メートル程度のダッシュを何度もくり返すふた通りの練習方法があり、それぞれの役割があるということはわかってくれたと思います。

でも、最近はそれらに加えてピッチャーの〝走る練習〟が、もうひとつ増えました。それが「バランス走」とよばれるものです。

バランス走というのは、決まった距離を決まった時間で走る練習のこと。たとえば、50メートルを8秒ピッタリで走ったり、30メートルを6秒ピッタリで走ったりします。別に全力疾走しなくてもかまいません。そのかわり、同じ長さを、つねに同じ歩幅、同じペースで走れるように気をつける必要があります。

なんだか陸上のトラック競技の練習みたいですよね。なぜ野球のプレーとはあまり関係なさそうに見えるバランス走などという練習をしなければならないのか、疑問に思うかもしれません。その答えは、**この練習によって体が「一定のリズム」を覚えるから**なのです。

ピッチャーにとって大切なのは、いつも同じフォーム、同じリズムで、同じようにボールを投げること。このことを難しい言葉を使っていうと、「動作の再現《さいげん》性《せい》」ということになります。ピッチャーがバッターを打ち取るためには、ストライクゾーン付近にほとんどのボールを集めなければなりません。そのとき、投げるたびにフォームやリズムがバラバラなようでは、ストライクゾーン付近にボールを集中することはできないでしょう。

ピッチャーとは、いい意味でロボットのように同じ動作を延々とくり返す能力が求められるポジションなのです。そういった能力を身につけるために、バランス走はちょうどいいトレーニング方法です。

50メートルを同じ歩数、同じ歩幅、同じタイムで走れるようになれば、自分の体のなかに一定のリズム感覚が刻みこまれます。調子のいいピッチャーがバッターをバッタバッタと打ち取っているようなときは、投球間隔もテンポよく、一定のリズムで投げているはずです。私は現役時代、どちらかというとテンポのいいピッチャーといわれていましたが、そこにはこのバランス走のような練習の効果もあったのだと思います。

最初はうまくできないかもしれませんが、みんなもぜひ練習メニューに取り入れて試してみてください。お父さんやお母さんにストップウォッチで計ってもらいながら、「8秒ちょうどで走れたら今日の練習を終わりにするぞ」といったゲーム感覚でやってみてもいいでしょう。

ピッチングに必要な「動作の再現性」ということに関連して私が忘れられないのが、あの桑田《くわた》真澄《ますみ》投手の練習風景です。ちょうど私と立浪がPL学園に入学したときには、桑田真澄さん、清原和博さんという全国的にも超有名な先輩が3年生にいました。同じ野球部といっても、まだ1年生の私は桑田さんがブルペンで投げている姿はなかなか見られません。でも、たまたま雨が降ったときに室内練習場で桑田さんを見ることができたのです。

その桑田さんのピッチング練習を実際に間近で見たときには、本当にビックリしました。桑田さんのすごいところは、**どんな球を投げても、何球投げても、投球フォームがまったく同じであるところ**です。キャッチャーからボールを受けて、グローブを振りかぶって、左足を上げて、下半身がグッと沈みこんで、テイクバックして、腕を振ってボールを放すところまで、すべての動作が100パーセント変わらずにくり返されていく。

こう言っては失礼かもしれませんが、本当

どんなに投げても機械のように同じ桑田投手のフォームは、
ピッチャーのひとつの理想の形だ。

に機械が投げているみたいでした。キャッチャーがかまえるミットに、すべてのボールがスーッと白い糸を引くように吸いこまれていく。まるでビデオのリプレイをずっと見ているような気がしたものです。私は「いったいこの人の体はどうなっているんだろう?」とあっけにとられるばかり。いや、本当にすごかった。

これは余談になりますが、一定のリズムでマシンのように投げる桑田さんは、ふだんの生活も独特のリズムというか、桑田流をつらぬいていました。

一度、練習のあとで私は桑田さんに「野村、ちょっとスポーツドリンク買ってきて」と頼まれたことがありました。すぐに買ってきて手渡すと、桑田さんはそのスポーツドリンクを半分だけコップに注いで、残りは「野村、これあげる」と言って私にくれたのです。当時のPL学園野球部では1年生はスポーツドリンクなんてめったに飲めませんから、私はお礼を言って、あっという間にガーッと全部飲んでしまいました。

ところが桑田さんを見ると、コップに入れたスポーツドリンクを、ほんのちょっとだけ口に入れている。ふつうはハードな練習でへとへとに疲れて、ノドがかわいてゴクゴク飲みたいはずなのに、桑田さんはワインをたしなむようにチビチビと飲む。自己節制なのか体を気づかったのかわかりませんが、とにかく〝鉄の意志〟のようなものを感じて、とてもまねできないと感心したものです。

当時のPL学園にはまだバランス走のメニューはなかったけれど、そんな桑田さんだから、きっとバランス走をしても決めた秒数ピッタリで走っていたに違いありません。

POINT ポイント1 バランス走で同じ動作をくり返すリズム感覚をつかむ

POINT ポイント2 機械が投げているような桑田投手のピッチングが理想

ダルビッシュ投手が左手で投げるわけ

野球選手の体づくりを考えるときに、柔軟性とともに大切なのがバランスです。ケガを防ぐためにもこのふたつはとても重要なので、野球少年のみんなも、**やわらかくて、バランスのいい体をつくることを意識してほしい**と思います。

塁上でのクロスプレーや連携《れんけい》ミスによる野手同士の交錯《こうさく》が起きることはありますが、サッカーや格闘技にくらべると、野球の場合は人間同士のぶつかり合いでケガをすることはそれほど多くはありません。

実際に野球でケガをするのは、ほとんどが練習のしすぎか、バランスを崩《くず》したときなのです。昔の子どもたちは小さいころから木登りや山登りをして遊ぶなかで、自然と体のバランス感覚を身につけることができました。ところが、最近の子どもたちはそのような遊びをする機会が少ないから、野球教室での動きを見ていても「危なっかしいなあ」と思うことが少なくありません。

野球は、プレーのなかで同じ方向に体が動くことが多いスポーツです。右投げ右打ちの選手なら、打っても投げても左回転ばかり。例外的にスイッチヒッターや右投げ左打ちの選手は事情が少し違いますが、ほとんどの選手は同じ向きの動きがどうしても多くなるので、**みんなのトレーニングでは必ず反対の動きを取り入れるといい**と思います。

たとえば、右打ちで100回素振りしたら左打ちでも20回振ってみるとか、右利きの選手でも少しだけ左手で投げてみるとか。あのダルビッシュ投手も練習のなかでよく左投げでキャッチボールをしていましたが、あれもおそらくバランスを意識しているんだと思います。野球のボールが重すぎてうまく投げられないようなら、軽いテニスボールを利き手と反対の手で投げるくらいでも効果はあります。練習の最後に遊び感覚でもいいからやってほしいですね。

野球がうまくなるための体力トレーニングといっても、小中学生のうちは、まだ「強さ」はそれほど必要ありません。ムキムキのボディになるような筋力トレーニングをして筋肉を太くしても、むしろ体が硬くなってケガをする危険性が増えるだけです。少年野球の段階では、この章のはじめに書いたように腕立て伏せや懸垂といった自分の体重を利用したトレーニングでじゅうぶんだと思います。

それよりも大切なのが、何度も言うように柔軟性とバランス。こればっかりは、大人になって体が大きくなってから身につけようとしても難しいですから。もしみんなが高校に入学して野球部に入ったら、それまでにくらべて練習量はものすごく増えるでしょう。練習時間も長くなるし、ランニングもノックもバッティングも、すべての練習が質も量もレ

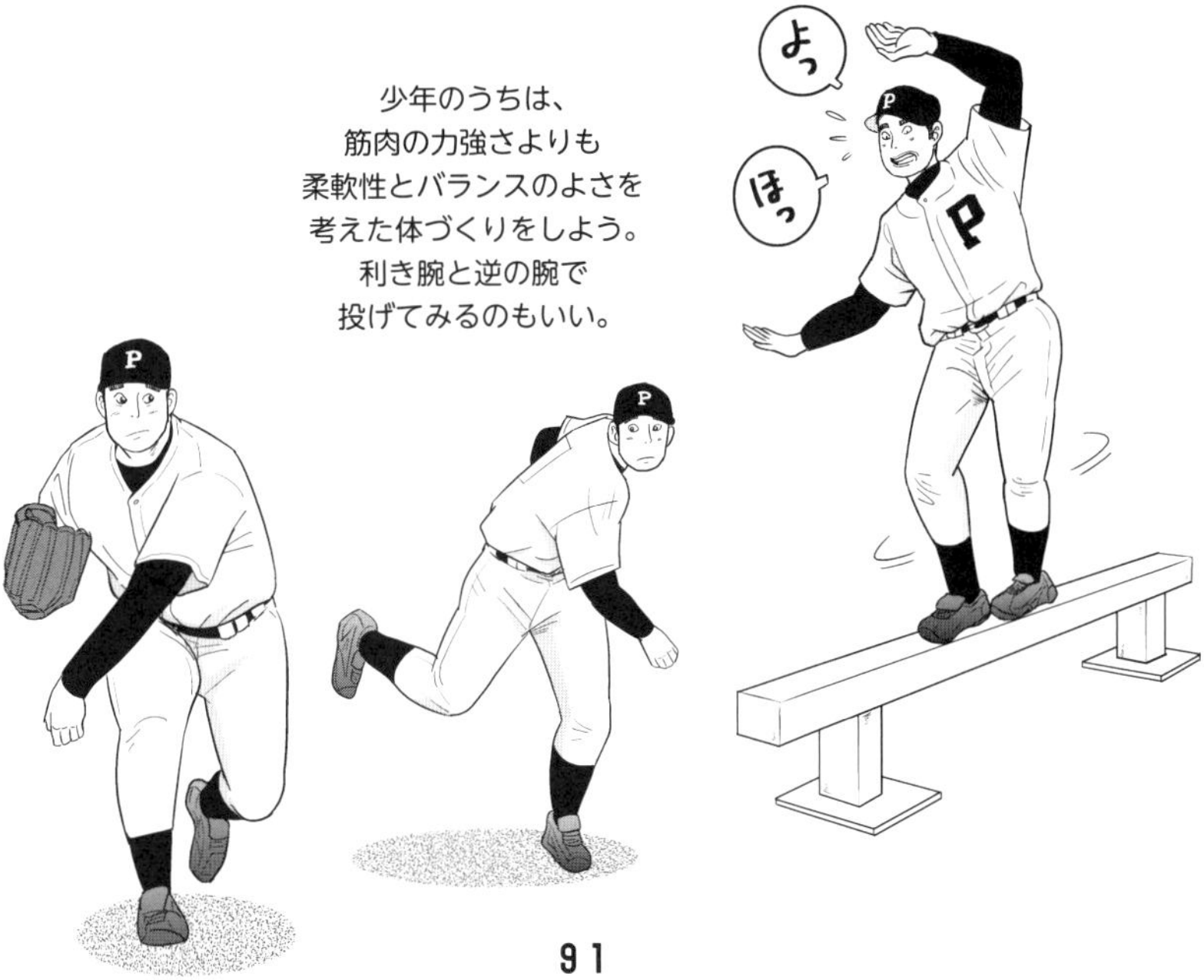

少年のうちは、
筋肉の力強さよりも
柔軟性とバランスのよさを
考えた体づくりをしよう。
利き腕と逆の腕で
投げてみるのもいい。

ベルアップしてきます。ピッチャーのボールは速くなるし、走るスピードも速くなる。

そうなれば、当然、体にかかる負担も大きくなってきます。そのときに**自分をケガから守ってくれるのが柔軟性とバランス**なんです。とにかく、いまのうちはやわらかくて、バランスのいい体をつくることに集中してほしいと思います。

小中学生の場合、まだ将来どんなポジションを守ることになるかわかりません。高校生になっても、ピッチャーだとか内野手だとか複数のポジションをこなすことがあるでしょう。だから、みんなも先入観を持って「小柄だからセカンド」とか「左利きだからキャッチャーはムリ」などと決めつけないでほしいですね。右利き、左利きに関係なく、さまざまなポジションを経験することで野球に対する見方が変わるかもしれません。

バッティングにしても、逆打ちをしてスイッチヒッターにチャレンジしてもいいのでは。ふだんが右打ちだったら、ティーバッティングでもいいから、5分だけ左で打ってみるとか、自分でためしてみましょう。技術や筋力をつけるのはあとからでもじゅうぶん間に合います。体に柔軟性とバランス感覚があれば、野球をするうえで無限の可能性が広がるのです。

ポイント1 柔軟性とともに、野球選手にはバランスのよさが大切

ポイント2 右利きでも左利きでも、反対の動きを取り入れてみる

第3章
ステップアップのための心がまえ

この章のねらい

野球というスポーツは、ただ打ったり投げたりするだけでなく、頭を使うことも求められます。野球少年がレベルアップしようと思うなら、体力トレーニングや技術練習をするだけではダメです。自分で考えて先を読み、次に起きることに準備できる力を身につけなければなりません。実際の試合では、ちょっとした気の持ちようが勝負を決めることもあります。人間だからピンチでは弱気になることもあるけれど、そんなときに自分の力を100パーセント出すために必要なのが、心を鍛えること。私たちが野球人生で身につけてきた、野球で必要な心がまえを、この章では伝えたいと思います。

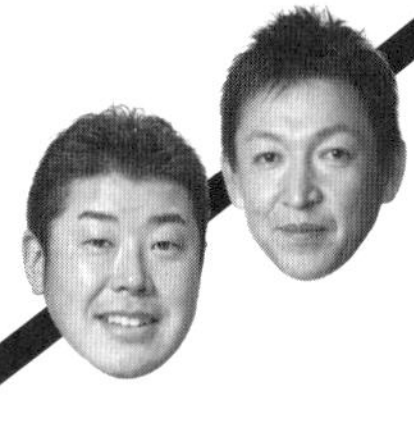

技術よりも「考える力」をつけよう

体が小さくて細かった私が、なんとかパワーもつけようと考えて一生懸命トレーニングに励《はげ》んだことを前の章で書きました。たしかに、がむしゃらに走ったり、バットを振ることはとても大事です。そうすることで必ず体力と精神力がつくでしょう。

でも、いま振り返ってみると、そうしたトレーニングの成果以上に、その後の野球人生で大きく役立ったことがあります。それは、**子どものころから自分なりにいろいろ考えて、野球について工夫をする習慣が身についていた**ということです。

体格的なハンディがあったから、ほかの選手と同じようなメニューをただなんとなくやっていても勝つことはできません。体力トレーニングだけではなく、グラウンドでの全体練習でも、試合中の自分の出番のときも、どうすれば大きな人に負けないか、何をすれば最大の結果が得られるか、どうやったらもっとうまくなるかを私はいつも考えていました。

考え続けたおかげで自分の長所と欠点がだんだんわかってきたし、調子が落ちてきたときには本来の調子を取り戻す方法を早く見つけることができたと思います。たまたま私は体格的なハンディがあったから「考えるクセ」がついたけれど、のちにプロに入ってみると、そのことの大切さをあらためて実感しました。

私が見た、プロ野球で長く活躍している一流選手は、いつも何かしら自分のなかで工夫をしている人ばかりでした。考えてみれば当たり前の話で、自分がヒットを打ちたくて打席に立っても、必ずピッチャーは打たせないようにすることを考えて投げてきます。だから、そのボールを打ちたければ、また相手以上に考えるしかないのです。

プロのきびしい勝負を勝ち抜くためには、そのときそのときに応じて、自分をレベルアップさせていく必要があります。そのためにはどうすればいいか、つねに考えなければなりません。ライバルが工夫してレベルアップしているのに対して、自分だけずっと同じところで止まっているのでは、ズルズルと下がっていくだけですから。

もちろん、もっとよくしようと思ってやってみたことが裏目に出て、うまくいかずに失敗することもあるでしょう。そのときは仕方がありません。サッと気持ちを切り替えて、また新しく工夫すればいいのです。どんなに技術や才能を持った選手でも、ずっと同じままでは勝負できません。プロは、それだけきびしい世界ということです。

プロ野球選手ほどハイレベルでなくてもいいけれど、野球少年のみんなにも、ぜひこうした「考える力」を身につけてほしいと思います。

たとえば、試合中に打席が回ってくるのをボーッと待つんじゃなくて、球すじを見きわめ、少し重いバットを振りながら準備しておく。ピッチャーの表情や初球に投げるボールのコースを観察して、自分がどのようなバッティングをするべきかを考える。どんな球種を投げているのか、味方打線はどのように打ち取られているのか、相手のスタミナはまだ残っているのか、どんな場面でイヤそうな顔を見せたか……。

もしピッチャーがコントロールに苦しんでいたり、息がハァハァと上がっているようなら、ファウルでねばってフォアボールをとりにいったり、少しでも球数を多く投げさせることを考えてもいい。逆に味方がバタバタと空振り三振に倒れ、ちょっと手も足も出ないなという状態ならば、バットを短く持って右打ちしてみたり、セーフティバントを考えてもいいでしょう。

ほかの選手の打席をしっかり見られるようになると、試合全体の流れがわかるようになってきます。流れがわかるようになると、次にするべきことを準備できるようになります。技術や体力がまだまわりの仲間についていけなくても、野球についての「考える力」はいまのうちから少しずつ養うことができると思います。

この**「考える力」があるかないかが、野球少年がうまくなれるかどうかの大きな分かれ目**なのです。ただ単に「打った!」「三振した……」というだけだと、なかなかレベルアップできません。自分が試合に出られなくても、ベンチから試合をよく観察すれば野球の「考える力」がつくから、あとで試合に出たときにあたふたすることはないでしょう。状況判断のすぐれたプレーをすれば、クレバーな（かしこい）選手としてレギュラーの座に近づけるかもしれません。

ひとつの方法として、毎日の練習や試合のなかで感じたことを忘れないためにも、自分がその日に考えたことをノートに書きとめておくことをすすめます。いわば**「野球の学習ノート」**というわけです。調子が悪くなったときにはじめて気づくこともあるし、ミスをして反省することもあるから、それもみんな忘れずに書いておく。調子がいいときに感じ

野球は考える
必要があるスポーツ。
ライバルに勝つためにも、
自分のプレーや
練習についていつも
考えるクセを
つけよう！

たことを書いておけば、あとでスランプから立ち直るきっかけになるかもしれません。ときには、お父さんやお母さんにプレーを見て感じたことを書きこんでもらってもいいでしょう。何より、自分の頭で考えてつくった野球の学習ノートは、きっと一生の大切な財産になるはずです。

POINT ポイント1 考えたり工夫したりしないと野球はうまくなれない

POINT ポイント2 考えたことは「野球の学習ノート」に書いて見直す

守備位置で何を考えるか

野球をするうえで「考えること」が大切な実例として、守備位置で何をすればいいかを見ていきましょう。

私はショートを守っていたから、守備位置についているときはピッチャーの投げる球すじがわかりました。そこで考えたのは、**「バッターが打った打球は、どこに飛んでくるだろうか」**ということでした。コントロールのいいピッチャーが投げていると、球すじを見ているだけで、だいたいこのあたりに打球が飛んでくるということが予想できるんです。そうすると、何も考えないでいるよりもずっと守りやすくなりました。

たとえば、ボーイズリーグやPL学園で一緒だった橋本清《はしもときよし》（元・読売ジャイアンツ）のボールはとても速かったから、「左バッターは振り遅れて、三遊間のサード寄りにボテボテのゴロが飛んできそうだな……」などと考えるのです。

子どものころは、なかなか計算通りにはいかないことも多かったけれど、自分が考えて予想したところにうまくボールが飛んできたときは本当に楽しかったですね。野球はチームスポーツなので、自分が考えたことを仲間に伝えることもできます。最初は、「おい、相手は4番バッターだから、外野はもっと下がったほうがいいぞ！」というレベルでかまいません。そこからだんだん観察力をみがいていけばいいのです。

自分のチームに球の速いピッチャーがいたら、相手の右バッターは引っ張れないだろうから内野手全体が2〜3歩、右に寄って守るとか、相手が下位打線のときは全員が守備位置を1メートル前にするとか、ケースに応じていろいろな工夫ができます。自分たちで考えて声をかけ合いながらそういう工夫ができるようになると、**「あのチームは頭がいいな」**と思われる。それだけで、すごくいいチームに変わると思います。

もちろん、味方のピッチャーが「コントロールのいい速球投手」ばかりとは限りません。投球のリズムが悪かったり、コントロールが定まらなかったり、打ちこまれて連打をあびてしまったりすると、野手としては守りにくいものです。なんとなく集中力がなくなってきて、守備位置でボーッと立っているだけになってしまいがち。でも、そんなときこそ自分に何ができるかを考えてみてほしい。相手打線が鋭《するど》い当たりを連発しているようなら、守備位置を深くしたり、しっかり腰を落として強い打球にそなえる。ピッチャーがコントロールに苦しんでいるようなら、暴投にそなえてベースカバーに入る準備をしておきます。

考えるための材料は、ピッチャーとバッターの様子だけではありません。そのときのイニング、点差、アウトカウント、ボールカウント、ランナーの足の速さ、風の強さや太陽の位置など、あらゆる要素に気を配ることが大事です。ちょっと大変かもしれないけれど、全部について考えていないと、いいプレーは生まれてきません。

私は自分でピッチャーとバッターの力を考えた結果、思い切って守備位置を変えたこともあります。ふだんだったらとても捕れないような打球をキャッチするファインプレーは、こうして守備位置を変えたことで生まれることもあるのです。

守備だけでなく、バッティングでも走塁でも考えながらプレーすることは大切です。ピッチャーが決め球に使っているのはどのボールか？　相手の守備のどこかにスキはないか？　キャッチャーの肩は強いか弱いか？　そういったことをしっかり考えてプレーするかどうかで、結果は大きく変わってくるのです。

野球では、たまたまうまくいくこともあるけれど、ちゃんと考えて準備をしたうえで、やっと成功することのほうが多いでしょう。一度、考えたことがうまくハマると、「またやろう」という気持ちになると思います。プレー中に考えることが当たり前になると、それまでよりも安定した成績が残せるようになるはずです。

しっかり準備をしても失敗することはあります。すべてがうまくはいかないのが野球ですから。でも、準備を怠《おこた》らなければ成功するのも野球なんです。計算通りにいくからおもしろいし、計算通りにいかないからおもしろい。100パーセントはないけれど、それでも**「考える選手」は「考えない選手」よりも必ずうま**

くなれます。

私は土のグラウンドの場合、よく自分のスパイクで地面をならしたものでした。試合が進むにつれて、ランナーがリードするあたりは穴が掘れてきたり、荒れたりするから、それをできるだけ平らにしておくのです。試合前にはグラウンドの硬さをチェックして、ボールの弾み具合をたしかめておく。もし石が落ちているのを見つけたら、すぐに拾います。これらはすべて、少しでもイレギュラーバウンドを減らそうと考えたからです。

なかにはそういうのが気にならない人もいるけど、確率的には高くなくても**野球は何が起こるかわからないから小さな積み重ねが大**

飛んでくる
打球を予測したり、
イレギュラーを
減らすために
地面をならしたり、
守備位置で考えながら
やることは多いぞ。
スパイクで
地面をならし
イレギュラー
防止！
もしも石が
落ちていたら
拾っておく！
ザッ
ザッ

切だと思います。私は、荒れて硬いグラウンドの場合は、なるべく前にダッシュしてゴロを捕るようにしていました。すごく怖かったけど、ちょっと迷うとイレギュラーしたり、捕りにくいバウンドになったりするからです。

イレギュラーしないように地面をならして、イレギュラーしないようにダッシュして捕る。これも自分が守備位置で考えた結果のプレーなのです。

POINT ポイント1 **投球を見て、打球がどこに飛んできそうか予測する**

POINT ポイント2 **守備位置のまわりは平らにしてイレギュラーを防止**

勝てるピッチャーはここが違う

野球の試合はピッチャーがボールを投げないとはじまりません。勝負のゆくえを左右するのは、いつもピッチャーの出来次第なのです。

逆にいえば、チームメイトたちは、いつもピッチャーのことを気にしています。今日の調子はどうだろうか。相手打線に何点くらい取られそうか。このピッチャーで試合に勝つことができるのか。

そこで**「あいつが投げるなら今日は大丈夫だろう」と思ってもらえるかどうか**で、ピッチャーの価値は決まってきます。勝てるピッチャー、信頼されるピッチャーが「エース」と呼ばれる存在です。もし、これを読んでいるみんながピッチャーをやることがあれば、ぜひともエースの座を目指してください。

では、勝てるピッチャーになるためにはどうすればいいのでしょうか？

当たり前の話ですが、そのためには練習するしかありません。しんどいからといってサボったりせずに、チームメイトのだれよりも多くの練習量をこなす。監督やコーチにいわれなくても黙々とグラウンドを走る。**そんな姿をチームメイトは必ずどこかで見ている**ものです。

そしてもうひとつ、練習のときだけでなく、ふだんからきちんとした生活をして、ちゃんと準備をしているかどうかも大切なポイント。

たとえば、私が横浜ベイスターズ（現・横浜DeNAベイスターズ）で先発ローテーションをまかされているときは、登板する3日前から外出を控えていました。遠征先でも泊まっているホテルで食事をすませて、できるだけ外には出ないようにする。その理由は、ローテーション投手は1週間に一度しか投げないのだから、登板の日にそなえてやるべきことをやっていくということです。

結果として、打たれる、打たれないはまた別の話。ピッチャーがきちんと準備をしないで打たれると、野手の人はいい気持ちがしないでしょう。登板の前日に遅くまで遊び歩いているようなピッチャーが打たれたら、チームメイトは「ふざけんな！」と腹を立てるに違いありません。野手はピッチャーのことをよく見ているから、いいかげんなことはできません。「このピッチャーは信頼できるかどうか」をいつもチェックしています。チームメイトに「このピッチャーのためにがんばるぞ」と思ってもらえるかどうかが大事なんです。

私はバッタバッタと三振を取るようなピッチャーではなかったから、野手に信頼されたいという思いはとくに強く持っていました。野手に点を取ってもらって、しっかり守ってもらわないと勝てない。だからいつも「感謝」の気持ちを忘れない。そのおかげで、私が投げている試合では、たくさん点を取ってくれたように思います。

仲間に信頼されるピッチャーになるためには、日ごろからしっかり準備しておくことが大切。

野手に信頼されるには、投球のリズムやテンポも大きく関係してきます。野手の人たちに聞いてみると、ボール球が2球続くと守っていてもダレるといいます。できれば、2球に1球はストライクを投げてほしいもののようです。だから、私はいつも早めにストライクを取ることを心がけていました。

リズムやテンポを意識することは、次の攻撃のためにもすごく重要です。ボール球が先行してフルカウントばかりというのでは、野手の気持ちも疲れてしまう。相手チームに先取点を許したけれど、味方打線ががんばって1点差まで追い上げてくれた。「よし、次のイニングこそ逆転だ！」というときに、ピッチャーが先頭打者にフォアボールなんか出したら、追い上げムードが台なしです。

反対に、ピッチャーがリズムよく投げて、ポンポンとテンポよくアウトを取れば、バッターも気分よく打席に立つことができるでしょう。そのためにも、つねにストライクを先行することを意識してほしいと思います。野球はストライクをどんどん取れば、間違いなくピッチャーが有利になるのですから。

勝てる投手になるためには、バッテリーの関係もすごく大切です。ポイントは、キャッチャーを信頼すること。逆にいえば、キャッチャーはピッチャーに信頼される存在にならなければいけません。「あうんの呼吸」という言葉がありますが、特別なことをしなくてもピッチャーに安心感を与えるのがいいキャッチャーです。かまえ方もそうだし、サインの出し方、配球の組み立てもそう。

ピッチャーはひとりひとり、性格も違えば考え方も違う。マウンド上では、わがままで自分勝手にもなりがちです。そんなとき、ピッチャーが何を考えているのかを感じることができるキャッチャーであってほしいと思います。

私はプロ野球では谷繁元信《たにしげもとのぶ》選手（現・中日ドラゴンズ監督）とバッテリーを組むことが多かった。彼とは年が近いし、ふだんから仲がよかったから、会話がなくても何を考えているのかがよくわかりました。少年野球のバッテリーで、いきなりそういう関係はなかなかつくれないかもしれませんが、**バッテリーはよく会話をして、相手が何を考えているのかをおたがいが理解しあう**こと。

いざ試合になったら、キャッチャーはキョロキョロしたりせずに、どっしりとかまえてほしいですね。ピッチャーはそのほうが安心できますから。

試合中に長い会話はできないから、ふだんの練習やオフのときに、ピッチャーは自分の考えをどんどんぶつけていけばいい。打たれたときでも、抑えたときでも、何がよかったか、何を反省するべきかとことん話し合う。そのくり返しで、バッテリーの信頼関係はどんどん深くなります。ふだんから相手のことを知っておけば、試合中の大事な場面で言葉を交わすことなく、おたがいの考えをすぐに理解できるようになります。

POINT ポイント1 **まじめに練習と準備をしている投手は信頼される**

POINT ポイント2 **リズムよく投げていると味方が点を取ってくれる**

マウンドでは「打てるものなら打ってみろ！」

もう少し、ピッチャーの心がまえの話を続けましょう。

野球のなかでも、ピッチャーは相手と何度も〝対決〟することが要求されるポジションです。バッターは9人に1回、打順が回ってくるだけだけれど、ピッチャーは次々と出てくる相手のバッターと対戦しなければなりません。マウンドに立っている限り、対決に次ぐ対決といっていいでしょう。18・44メートル（小学生は14〜16メートル）の空間をはさんで、ぐいぐいと気持ちでバッターを押していかないと勝つことはできない。だから、よほど度胸や戦う気迫がないとつとまらないポジションだといえます。

ピッチャーは、いつも**「打てるものなら打ってみろ！」**と堂々としていてほしいものです。なぜなら、バックを守る野手たちは、つねにピッチャーの背中を見ているからです。ピッチャーはいつもチームメイトの目を意識しながら、マウンド上での態度を気にかけていないといけません。

その意味でも、マウンドさばきは本当に大事です。試合中に、ピッチャーがおどおどしていたらどうなるでしょう？ 守っているチームメイトもベンチの監督も、みんなそれを感じとって不安になってしまいます。相手のバッターだって絶対にその様子に気がつくから、「なんだ、このピッチャーは自信がなさそうだな」と強気になって、思い切ったスイングをしてくるに違いありません。

反対にマウンドさばきが堂々としていて、目つきがしっかりしているピッチャーは本当に頼りになります。私はよく〝目力《めぢから》〟という言葉を使うのですが、マウンドで目力のない選手はダメ。トローンとした目をしていたり、視線があちこちに泳いでいるようではいい投球はできません。どんなに速いボールを投げても、自信のないピッチャーは打たれてしまう。体力や技術も大事だけど、その前に**〝勝負できる目〟をしていないと勝つことはできない**のです。

私は横浜ベイスターズのピッチングコーチ時代、技術的なことよりも「マウンドさばきが、ひどすぎるぞ！」といって若手投手を叱《しか》ることがよくありました。

ひとたびマウンドに上がったら、気持ちでバッターを圧倒していくくらいじゃないとピッチャーはムリです。「ストライクが入るかな……」なんて心配しているようでは、とてもバッターとは戦えないでしょう。体の大小は関係ありません。目力があって、全身に自信がみなぎっていれば、小さいピッチャーでも大きく見えるもの。逆に、体つきは立派でもどこかおどおどしているピッチャーは、ひと回り小さく見えてしまいます。

もちろん、そうした「自信」と「戦う気持ち」は、**練習の裏づけがあってはじめて生まれてくるもの**です。ろくに練習もしていない

マウンドに上がったら「戦う気持ち」が大事だ。
そのとき、しっかりした練習の裏づけがないと
強い気持ちにはなれない。

くせに「気合いだけはだれにも負けないぜ！」などといっても、それはただのカラいばり。おそらく結果はついてこないでしょう。自分はだれにも負けないくらいたくさん練習してきた。今日の試合にそなえて、しっかりと万全の準備もしてきた。だから、どんな相手にも負けるはずがない。どんなバッターにも打たれるはずがない。**そう思えるだけの自信がマウンドさばきにもあらわれる**のです。

とくにみんなのような野球少年の場合、ピッチャーは変化球でかわそうなんてことは考えずに、「打てるものなら打ってみろ！」と回転のいいストレートを、狙ったところにしっかり投げるように心がけてほしいと思います。

話は少しそれますが、私は2011年の武田《たけだ》勝《まさる》投手（北海道日本ハムファイターズ）の態度は、本当にピッチャーのかがみだと思いました。

4月から5月にかけて、なんと5試合連続で味方打線が0点に抑えられてしまい、自分はいいピッチングをしているのに5連敗！　ふつう、いいピッチングをしているのに勝てないとどこか調子がおかしくなるものです。ふつうのピッチャーだったら気持ちの糸が切れていたかもしれません。味方打線に「いいかげんになんとかしてくれよ」とグチのひとつも言いたくなるでしょう。
ところが、武田勝投手はどの試合も顔色ひとつ変えることなく、黙々と自分のピッチングを続けていました。試合に負けてもいっさい不平不満は言わなかった。武田勝投手はものすごく速い球や、キレ味の鋭い変化球があるわけではありません。それでもファイターズのエースとして活躍できるのは、それだけ強いハートがあるからなんです。みんなもあの立派な態度を見習ってほしいと思います。**あれこそが本物のピッチャーの姿**です。

POINT ポイント1 目力があり、マウンドで堂々としていると打たれにくい

POINT ポイント2 練習の裏づけがないとマウンド上で堂々とできない

ピンチの場面で何ができるか

　味方が点を取ってくれなくてもくじけなかった武田勝投手の話でもわかるように、**苦しいときにがんばれるのが本物のピッチャー**というものです。たとえ自分のチームが弱くても、くさらずに毎試合ベストを尽くす。序盤から相手にリードを許してしまっても、あきらめずに投げてチームメイトの反撃を辛抱強く待つ。相手打線にねばられてスタミナが切れかけても、最後まで気力を振りしぼって投げ続ける。みんなには、いまのうちからそんなタフなピッチャーを目指してほしいと思います。

　試合のなかでの苦しい場面といえば、やはりピンチのときでしょう。フォアボールを出したり、ヒットを打たれたりして塁上にランナーを背負ってしまった。とくに2塁、3塁といったスコアリングポジションまで進まれたときは、まさに絶体絶命。さらに悪いことに、打順は相手チームでいちばんの強打をほこる4番バッターに回ってきた。この4番には、前の打席もホームランを打たれている。

さあ、どうする……？

でも、よくよく考えればピッチャーにとって、これくらいのピンチはつきものだということもできます。ノーヒットノーランでも達成しないかぎり、試合のなかで最後まで一度もピンチを背負わないことなんてほとんどありません。だとすれば、こうしたピンチの場面でいかに踏ん張れるかが、ピッチャーにとって勝つか負けるかのカギをにぎることになります。

もちろん、ピッチャーならだれだって「打たれたくない」「点を取られたくない」という気持ちが強いでしょう。ところが、打たれたくないという気持ちが強くなればなるほど、どうしてもピッチャーは守りに入ってしまうもの。「打たれたくない」という思いが「打たれたらどうしよう」に変わって、マイナスのことばかり考えて気持ちが守りに入ってしまうと、腕が縮こまってボールに勢いがなくなります。ここぞというときに逃げの姿勢ではピンチで勝負できません。

苦しいときに、自分のなかに何があればがんばれるのか？　これも「練習の裏づけ」以外にありません。苦しくても弱気になったら絶対にダメ。ピンチのときこそ、**「あれだけたくさん練習したオレが打たれるはずはない!」**と自分のボールに自信を持って、真っ向からバッターに立ち向かうしかないのです。

ピンチのときでも「自分は相手より多く練習してきた」という自信があれば、気持ちが揺《ゆ》らぐことなくバッターと勝負できます。でも、きちんと練習してこなかった場合は、ピンチの苦しさを支えてくれるものが何もありません。試合をすれば必ずおとずれる苦しい場面で困らないためにも、日ごろからしっかり練習をしておくことは大切です。

私は、よくピンチを背負ったときのことを想定しながら練習していました。なかにはピンチでも平然としている強心臓のピッチャーもいますが、私はそうではなかった。打たれるのが怖かったし、負けるのはイヤだった。でも、打たれたくないという気持ちが強くなりすぎると、肩に力が入って腕が縮こまり、自分らしいピッチングができなくなってしまいます。

そこで考えたのは、**練習のときから試合中のピンチのつもりで投げればいいんだ**ということ。たとえば、「7回裏ノーアウト2塁で、4番バッターとの対戦」とか、「9回裏ノーアウト満塁、まさに絶体絶命の場面」とか……。そんな苦しい状況を想定してピッチング練習をすると、実際に試合のなかでピンチになってもそれほど苦しくなくなります。「これは、あの練習のときと同じ場面なんだ」「あの練習のときはうまくダブルプレーで切り抜けた」などと思い出しながら、自分のいちばん自信のあるボールを思い切って投げこむことができるようになる。

どんなスポーツも同じですが、野球も練習

練習のときから
苦しい場面を
想定しておけば、
試合でピンチになっても
落ちついて投げられる。

でできないことは試合でもできません。苦しい場面でのプレーを練習でしっかりやっておけば、試合で同じ状況になっても怖くない。これをシミュレーションというのですが、ピッチャーだけでなく、野手の守備練習やバッティング練習にも応用できるから、ぜひみんなも取り入れてほしいと思います。

ピンチを想定したシミュレーション練習法は、いわゆる〝ブルペンエース〟といわれるピッチャーにも効果的。ブルペンエースというのは、練習ではものすごくいいボールを投げるのに、試合になるとさっぱり力を発揮できないタイプのピッチャーです。みんなのチームにもそういう選手がいるかもしれません。

そういう選手は試合になると緊張してしまったり、悪い結果を心配しすぎるあまり、本来持っている力を100パーセント出し切れないことが多いのです。いいものを持っているのに、気持ちの強さが足りないのが惜しい。

そんな選手は、練習のときから苦しい場面を想定したピッチング練習をするといいでしょう。シートバッティングでもランナーをスコアリングポジションに背負わせて投げさせ、バッターを抑えたときのイメージを覚えておく。そうすれば、本当の試合でピンチの場面を迎えても、「これもあのときと同じように抑えられるはずだ」と開き直ることができるようになります。

POINT ポイント1　ピンチのときほど真っ向勝負をしてみる

POINT ポイント2　苦しい場面を想定した練習をすればピンチも怖くない

ドンマイだけでは、うまくなれない

　みんなも知っている通り、野球というスポーツはひとりではできません。試合で勝つのも負けるのも、すべてチーム単位です。

　ひとくちにチームの仲間といっても、グラウンドから離れても仲がいい人もいれば、ふだんはなんとなく気が合わない人もいることでしょう。人間だから、どうしても相性のいい悪いはあります。それでも野球の試合となれば、チーム全員がひとつになって戦う。練習でもおたがいに切《せっ》磋《さ》琢《たく》磨《ま》する。それがチームスポーツのいいところです。

　では、もしチームメイトがエラーとかバント失敗とか、やってはいけないミスをおかしてしまったらどうすればいいのか？

　ふつうのチームならば、「ドンマイ、ドンマイ、気にするな」と背中やお尻をポンと軽くたたくなどして励《はげ》ますことが多いでしょう。だれだって、エラーをしようと思ってしているわけではありません。わざと送りバントを失敗する人もいないでしょう。やってしまった本人がいちばん落ちこんでいるはずなのだから、それ以上気落ちさせないためにも、まわりが積極的に声をかけて気分を変えてあげることは必要です。

ただし、より高いレベルを目指すならば、**いつもミスした選手をなぐさめたり、やさしい言葉をかけているばかりでは強いチームはできない**ことも知っておいてほしいと思います。

ボーイズリーグでも高校野球でも、強いチームの場合は練習のときから必ずおたがいのプレーをきびしくチェックしています。チームメイトから何かを指摘されるのはイヤだから、どの選手も練習のときから気を抜くことはできません。そうすることで、チーム全体に張りが出るし、いい意味での緊張感が、結果的にひとりひとりを上達させることにつながります。

そんなチームは、試合や練習中にミスが出たときも簡単になぐさめるようなことは言わないものです。エラーした仲間をかばうだけではダメ。「しっかりしろ！」と強い調子でハッパをかけたり、「気を抜くな！」などと、いい意味で叱咤激励《しったげきれい》することもあっていいでしょう。

　グラウンドでは、難しい打球が飛んできてもだれかが代わりに捕ってくれるわけではありません。チームメイトひとりひとりが強い選手になるためにも、つまらないミスが出た場合は、ときにはきびしく注意することも必要なのです。

　仲間のミスにどのような声をかけるべきか、そのひとつの判断材料として、**ミスした選手がそのあと、どんな練習をしているかをしっかり見ること**が大事です。

「ドンマイ」もいいけれど、つまらないミスが出たときには、しっかり注意しないとチームが強くなれない。

もし自分のミスを本当に反省しているなら、次の練習での態度が違うはず。ミスがあったのに次の練習でもいいかげんなプレーをしているようなら、「おい、そんなんじゃダメだ！」ときびしく言ってもいいと思います。逆に、自分がミスをしてしまったときは、次こそまわりの人に見られて恥ずかしくないプレーを心がけなければなりません。

ミスした選手に注意するときは、言い方にも気をつけましょう。大事な場面でのタイムリーエラーだったりすると、どうしても「お前がしっかりしていないから負けたんだ」などと心のなかで思ってしまうこともあるでしょう。人間なので、それはしかたのないことです。でも、その感情をそのまま口に出したり、態度にあらわしたりしてはダメです。自分がされたらイヤなことは、仲間にも絶対にしないように心がけてほしいと思います。

ミスした仲間を励ますにしても、注意するにしても、その目的はミスしたことをあとあとまで引きずらないようにすることです。ミスしてしまった後悔の念をだれかが引きずっていると、連鎖《れんさ》反応で新たなミスを呼んでしまうことが少なくありません。

プロ野球では、試合中にエラーしたのに、そのことをまったく気にしていないように見える選手がいました。最初は「この人はいったい、どういうつもりなんだろう？」とふしぎに感じたけれど、次の日の練習を見ると、その選手はちゃんと早出してノックを受けていたのです。

その選手はミスを何とも思わなかったわけではありません。試合中に落ちこんだ様子を見せなかったのは、きっと気持ちをうまく切り替えていたのでしょう。プロ野球は毎日のように試合があるから、大きなミスをしても、また次の日になったら気持ちを切り替えて別な試合をしなければなりません。いつまでもミスをズルズル引きずって、落ちこんでいるわけにはいかないのです。

チームワークというのは、おたがいの信頼を積み重ねてできるもの。そのためには、ひとりひとりが信頼される選手になる必要があります。野球はみんなでやるスポーツだからチームに〝和〟は欠かせませんが、だからといって〝なあなあ〟になってはいけません。仲間に信頼される選手になってほしければ、ときには「もっとしっかりやれよ」ときびしく言うことも必要です。みんなも**チームメイトがおかしな行動や態度をしたら、ビシッと注意する勇気も持ってほしい**と思います。

ポイント1　仲間のつまらないミスは強く注意することも必要

ポイント2　ミスをしたあと反省したかは練習態度でわかる

苦しんでいるチームメイトへの接し方

長く一緒にプレーしていると、チームメイトの調子がいい、悪いはよくわかるようになってきます。練習不足や手抜きプレーで成績が上がらないような選手はともかく、いつもまじめに練習に取り組んでいるのに、なぜかさっぱり打てなくなったり、ずっと勝ち星から見放されてしまっているチームメイトがいたとしましょう。いわゆる〝ドツボにはまった〟状態です。

そんなとき、みんなは仲間にどのような言葉をかけてあげればいいのでしょうか。

私は、調子を崩して苦しんでいるチームメイトには、なるべく**彼が絶好調のときの話をする**ようにしていました。「お前、いいときはこうだったよ」という具合に。言われたほうは、だいたい「そんなのわかってるよ」と苦笑いすることが多かったけれど、そのひとことをきっかけに調子を取り戻すこともあるんです。

あえて野手がピッチャーにアドバイスしたり、逆にピッチャーがバッティングのことについて指摘することがあってもいいでしょう。同じポジション同士だと言いづらいことや気づかないことがあるし、たくさんのバッターと対戦するピッチャーだからこそ気づくこともあるはずです。

たとえば、低めにボールを投げるのが持ち味のピッチャーが打ちこまれて苦しんでいるとき、「思い切って高めのボールを使ってみたら?」とアドバイスしてみたところ、うまく打ち取れるようになったことがありました。きっと彼は「自分は低めで勝負するんだ」という意識が強すぎて、ピッチングの幅が小さくなっていたんだと思います。

反対に、私がスランプにおちいっているときに、ピッチャーから見失っていた自分の長所を指摘されたこともあります。「お前、いつもはもっと大きくかまえているぞ」というように。

だれでも調子が悪かったり、いい結果が出ないときは、考え方が後ろ向きになります。実際にプレーも小さくなるものです。だんだん視野がせまくなって、自分のことしか考えられなくなる。そうならないためにも、早めにちょっと声をかけてあげることが大事です。ちょっとした言葉によって気分が変わるだけで、突然すべてがいい方向に向かうこともありますから。

ピンチのとき、苦しんでいるチームメイトへの声かけは試合中にもよく見かける光景です。でも振り返ってみると、私は守備位置からピッチャーに「開き直っていけ」「思い切っていけ」「フォアボールを出すくらいなら打たれろ」というような言葉しかかけなかったと思います。

「えっ、たったそれだけ?」と、おどろかれ

仲間が苦しんでいるときには、
いいタイミングで
間を取って開き直れるような
言葉をかけてあげよう。

るかもしれませんが、実際はそんなものです。プロ野球でマウンドに野手が集まっているときも、じつはたいしたことは話していません。言葉の内容がどうこうよりも、ちょっと間を置くためという意味のほうが大きい。ピッチャーはいつも孤独で、ずっとバッターに向かっているから、力が入りすぎているときにはちょっと息を抜けるようなタイミングで間を取ることが大事なんです。

もしピッチャーが弱気になっていると感じたときには、もう一度戦う気持ちになるような言葉をかけてほしいと思います。**「いいボールがいってるから、ど真ん中でも打てないぞ」**などと、ピッチャーが思い切って開き直れる状況をつくってあげること。アウトコースばかり投げて気持ちが逃げていたり、コースをねらいすぎたりしているときこそ〝攻めの姿勢〟を思い出させるようにしましょう。

緊張しているピッチャーには、「打たれてもいいから、思い切っていけ」という言葉がいいかもしれません。たったそれだけで気が楽になることもある。苦しんでいる仲間を、ただ「がんばれ」と励ますんじゃなくて、**どうすれば気持ちを切り替えることができるかを考えて声をかけるべき**です。

これは野村に聞いた話ですが、横浜ベイスターズ時代に開幕2連勝で迎えた3戦目、先発した野村は7回に大ピンチをまねいてしまった。すると、当時の監督だった権藤博《ごんどうひろし》さんがマウンドにやってきて、「この試合はお前にくれてやる。好きなように放ってくれ」と言ったそうです。そんなことを言われたのははじめてだから、野村は、「自分は信用してもらっているんだ」と意気に感じて、本当にうれしかったそうです。みんなのチームでもピッチャーがひとり相撲をとっているようなときがあれば、「この試合はおまえにあげるから、思いっきり投げてみろ」と言ってみてもいいかもしれませんね。

POINT ポイント1 **不調に苦しんでいる仲間には好調時の話をする**

POINT ポイント2 **ピンチには投手の気持ちを切り替える言葉をかける**

第4章

カベにぶつかったときにやること

この章のねらい

野球をしていれば、勝つこともあれば、負けることもあります。三振することもあれば、ホームランを打つこともあるでしょう。いいことも悪いこともあるからスポーツは楽しいのです。でも、ときには悪いことばかりが続くかもしれません。どうしてもストライクが入らない、打率が0割台になってしまった……。そんなときは野球が楽しくなくなって、最悪の場合、もう野球をやめてしまおうと考える人も出てくるでしょう。カベにぶつかったときに、どうすれば乗りこえることができるのか。ひとりでも多くの少年に野球を続けてほしいから、私たちがそのヒントを教えます。

なぜ打球が強く飛んでいかないのか

バッターボックスに立ったらだれでも、野手の間を抜いたり、はるか頭上をこえていく鋭い当たりを打ちたいと思うでしょう。「カキーン!」という快音を残して一直線に飛んでいく強い打球は野球の魅力のひとつです。

ところが、実際に自分が打ってみるとボテボテのゴロばかりだったり、バットの芯《しん》でとらえたはずのライナーが野手の手前で失速したり……。なんでだろう? オレは力が足りないのかな? と悩んでいる人も多いことでしょう。強い打球を打てないと、まわりから〝非力なバッター〟と思われてしまいます。

強い打球が飛んでいかない原因は、**ボールを強くたたくことができていないから**。もちろん、体にパワーがあるにこしたことはないけれど、野球はバットという用具を使うので、少しくらい腕力が劣《おと》っていてもちゃんとインパクトの瞬間にボールを強くたたけば強い打球を打つことができます。そして、ボールを強くたたけない人に共通するのは、**バックスイング（テイクバック）が小さい**こと。ただ当てるだけになっているケースが多いんですね。

野球教室をやっていて気づくのは、バックスイングをしないで、かまえた位置からいきなり打とうとする子が多いことです。ボールを強くたたこうと思ったら、しっかりとバックスイングをとらないといけないのに、かまえた位置からいきなり打とうとするからボールを強くたたけない。

きちんとバックスイングをとるには、「1、2、3」という歩きながら振るようなリズムが大事です。実際に、私は少年時代、「歩きながらバットを振れ」とよく言われました。歩きながら打つと、自然な形でバックスイングをとることができるのです。実際のバッティングで歩きながら打つわけにはいかないけれど、みんなの練習にも取り入れてタイミングをつかんでほしいと思います。

ピッチャーのモーションを見てみると、かまえてからいきなり投げる人はいません。ワインドアップで大きく振りかぶって反動をつけたほうがボールは速くなります。バッティングも同じです。バックスイングをしっかりとって、その反動を使ってバットを強く振りましょう。

　第2章の体づくりのところでもふれた、タイヤたたきも効果があります。ちょうどバットとボールが当たるポイントにタイヤを置いて、思い切りバットでたたく。インパクトの瞬間にどこに力を入れればいいか、自分から見てどこでバットとボールが当たるのかがよくわかるはずです。このタイヤをたたくときにも、バックスイングの大切さに気づくでしょう。きちんとバックスイングをとったときと、そうでないときでは、ドスンという音のひびき方が全然違いますから。

　弓道だって遠くまで矢を飛ばそうと思ったら、弓を力いっぱい後ろに引きます。バッ

強い打球を飛ばすためには、
かまえたところから
いきなり打つのではなく、
しっかりバックスイングを
とること。

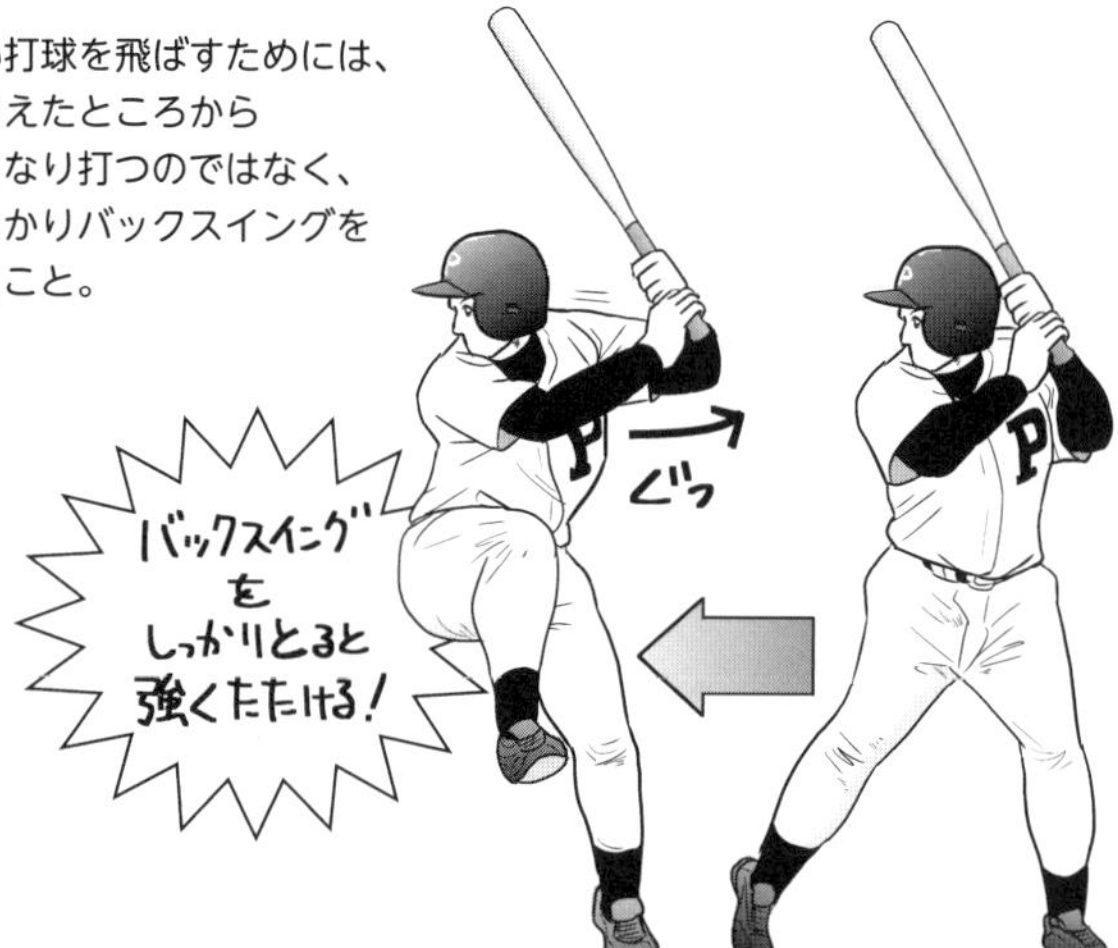
ぐっ
バックスイング
を
しっかりとると
強くたたける!

ティングは、インパクトで強くボールをたたいて遠くに飛ばす技術なので、それと同じことです。反動が大きすぎるのはよくないけれど、ある程度は反動を使わないとスイングは速くならないし、打球が遠くに飛びません。

ただ、ここで気をつけてほしいのは、バックスイングを意識するあまり、**スイング全体が大振りになってしまってはダメだ**ということ。意識してバックスイングをとらせると、そのままバットが体から離れて大振りしてしまう人がよくいます。ゴルフスイングみたいに前の肩が内側に入ってピッチャーから背番号が見えるようなのもダメ。それではバットが遠回りしてしまうから、インコースの球が打てないし、バットにボールが当たる確率も低くなる。当たったとしても、打球がつまってしまいます。

意識してほしいのは、第1章で学んだ基本の**「インサイドアウト」のスイング**です。体の近くをバットのグリップが通るようにして、へその前まできたら、そこを支点にしてバットのヘッドを走らせる。私は少年時代、カベの前に立って、カベに当たらないようにバットを振る練習をしたものです。ひじをみぞおちあたりにつけて、グリップエンドから刺すようなコンパクトなスイングをすれば、バットの先はカベに当たりません。バットが体から離れてしまった大振りのドアスイングだとカベに当たってしまいます。そのちょうどギリギリの位置に立って素振りをくり返せば、自然と正しいスイングが身につきます。

この練習はとても効果的なのですが、本当に家のカベやフェンスでやると、バットが当たってしまったときにカベがこわれてしまいます。ですから、お父さん、お母さんは、ベニヤ板などでバットが当たってもいい〝練習用のカベ〟をつくってあげてください。

プロ野球選手でもそうですが、「打ちたい」という気持ちが強すぎたり、力《りき》んだりすると、ボールとの距離がおかしくなります。気持ちばかりが先走って、体が前に突っこんでしまうんですね。調子のいいバッターは早めに始動して、自分のタイミングでゆったりバックスイングをとり、**バットに当たるポイントまでボールを呼びこむこと**ができます。そして、正しいステップを踏んで、体の軸で回転しながらコンパクトなスイングをしている。そうすれば、ボールがバットに当たる確率も高くなるし、強い打球を打つことができるんです。

まずはしっかり軸足（右バッターの場合は右足、左バッターの場合は左足）に体重を乗せてバックスイングをとる。そして、前足をそれほど広くならない位置にステップして体の軸でクルッと回転する。この流れがバッティングでは大事。

あせらずにゆったりと自分のポイントまでボールを呼びこんでみましょう。「さあ、いらっしゃい」という感じで待てるようになったら、するどい打球が飛ぶようになり、ヒットの数も増えるはずです。

POINT ポイント1 **強い打球を打つにはバックスイングが必要**

POINT ポイント2 **自分のポイントに「いらっしゃい」とボールを呼びこむ**

なぜタイミングが合わないのか

力強いスイングができるようになったら、次はタイミング。

バッティングセンターではうまく打てるのに、どうも試合になると三振ばかりしてしまう……。変化球がくると腰くだけになってしまう……。速い球には振り遅れてしまう……。そんな悩みは、どれもボールを打ちにいくときのタイミングが合っていないところに原因があります。

どれだけスイングスピードが速くても、どんなにパワフルなバッターでも、**タイミングが合わなかったらバットにボールが当たりません。**ここでは、相手ピッチャーを想定しながら、タイミングの取り方を考えてみましょう。

プロ野球では、１４０キロそこそこしかスピードが出せなくても、すばらしい好成績を残すピッチャーがいます。それはどうしてなのか？ 理由のひとつは、バッターのタイミングをはずすのがうまいからです。そういうピッチャーは遅いボールを効果的に使いながら、さほど速くないストレートを実際よりも速く見せているのです。

野球でバッテリーがつねに心がけているのは、バッターのタイミングをいかにずらすかということ。逆にいえばバッターはいつもピッチャーの投球にタイミングを合わせることを考えないといけません。フリーバッティングの練習では、いつも同じタイミングで同じスピードのボールを投げてもらえますが、試合のときのピッチャーはそうはいきません。

バッティングフォームの流れのなかで、タイミングを取るために前足を高く上げる人もいれば、すり足の人も、二段ステップの人もいます。いまの少年たちは実際に見たことがないかもしれないけれど、王貞治さんの一本足打法は有名ですよね。私もかなり足を高く上げてタイミングを取るフォームでした。

人によっていろいろなやり方はありますが、どんなバッターも**前足をステップしたところでボールを探す**ことになります。そのときにボールの変化に対応したり、タイミングのずれを修正することができるかどうか。そこでタイミングを合わせる自分なりの方法をモノにしたバッターだけが、コンスタントにヒットを打つことができるのです。

タイミングの取り方はなかなか言葉で教えられるものではないから、結局はいろいろなタイプのピッチャーと対戦して、ボールをたくさん打って覚えるしかありません。でも、せっかくこの本を読んでくれているみんなのために、私からタイミングを合わせるためのヒントをひとつ書いておきましょう。

よくバッティングは「イチ、ニ、サン」で打てばいいといわれます。カーブなどの変化球に対応するために「イチ、ニ、の、サン」で打てという人もいます。でも、私はむしろ**「イチ、ニー、の〜、サン」**で打つくらいのつもりでタイミングをはかるといいと思います。その「イチ、ニー、の〜、サン」のなかでも**「の〜」**がすごく大事なんです。

「イチ」が打席に入ったときのかまえ。「ニー」でバックスイングして（同時に前足をステップして）、「の〜」でボールを探しながらタイミングを合わせます。

そして「サン」でスイング！

この「の〜」の段階でどれだけねばれるかがポイントなんですね。ピッチャーがタイミングをはずそうとして投げてくるストレートや変化球に応じて、「の〜」が自分のなかで「の」になったり「の〜〜」になったりできるようになれば、タイミングを合わせる幅がグンと広がります。

自分ではタイミングをバッチリ合わせたつもりなのに、なぜか振り遅れてしまうという悩みを抱えた人もいるでしょう。そんなときは、バックスイングして力をためたときの位置（トップ）からインパクトの瞬間まで、**バットが最短距離を通っているかチェック**し

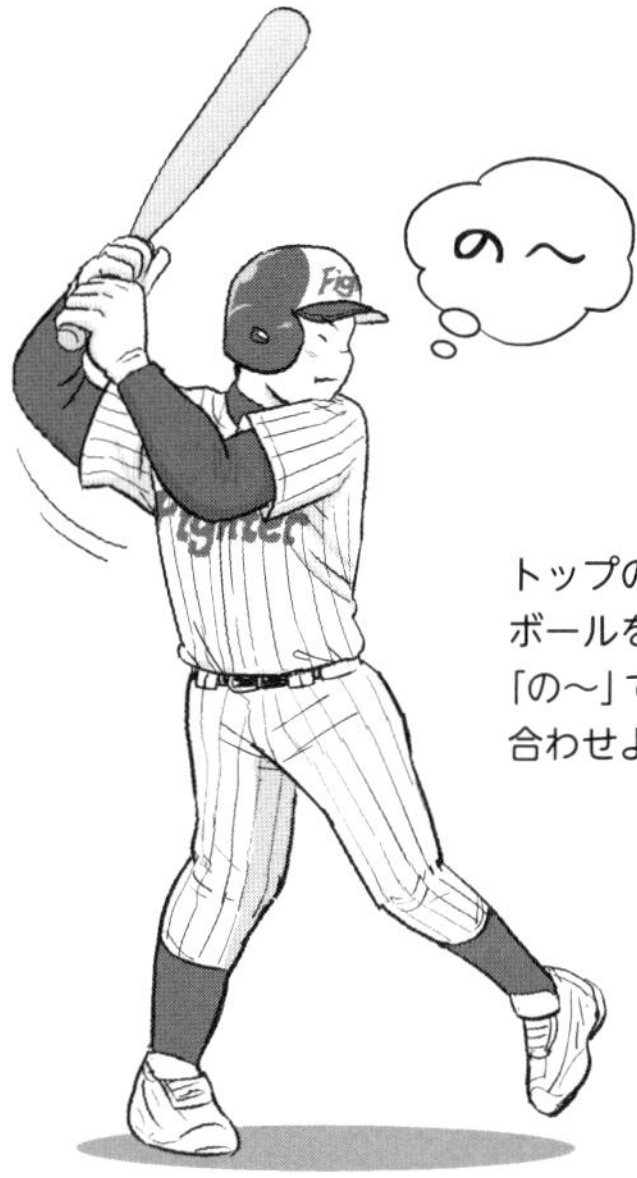

トップの位置で
ボールを探しながら、
「の〜」でタイミングを
合わせよう。

てみましょう。

ピッチャーの投げるコースで打つのがいちばん難しいのは、インコースの高めです。この球をしっかり打てるようになったら、変化球やほかのコースにも対応できるはずです。インコース高めのボールは、バットが遠回りしていたら当てることすら難しい。トップの位置から、バットのヘッドが立った状態で、インサイドアウトのスイングをしてはじめて打つことができます。ここでも、最初に学んだトスバッティングのテクニックが生きてくるのです。

人間はひとりひとり、背の高さ、腕の長さ、足の長さ、筋力などが違うので、「バッティングはこれが正解」というものはありません。バッターボックスでのかまえ方もバッターによって違っていていい。

ただ、タイミングが合わないと強くスイングすることができないし、ピッチャーが投げてくるいろいろなボールに対応することができません。だから、自分にいちばん合ったトップの位置での「タメ」のつくり方を見つけるように工夫してほしいと思います。

POINT ポイント 1

「イチ、ニー、の〜、サン」の、「の〜」でタイミングを合わせる

POINT ポイント 2

トップの位置からインパクトまでバットは最短距離で

コントロールをよくする方法

ピッチャーをやっていて何がつらいかって、ストライクが入らないことほどつらいものはありません。ボカスカ打たれてノックアウトをくらうのもイヤだけど、それは相手の力が上だったということで、まだ納得できます。ところが、ストライクが入らずにフォアボールを連発、あげくのはてに満塁、押し出しなんていうひとり相撲をやってしまったら、バックで守ってくれている野手にもうしわけなくて、マウンド上でいたたまれなくなります。

いうまでもなく、ピッチャーにとっていちばん大切なのはストライクを投げること。こまかいことは考えないで、とりあえずストライクを投げれば、ど真ん中のボールだってバッターが打ち損じてアウトにできるかもしれません。とくに少年野球の場合は、まずストライクが入らないと試合にならないから、みんなも**10球投げたら7～8球はストライクゾーンに入るくらい**にしたいものです。

ただ、そうはいってもなかなか自分の思い通りになってくれないのがコントロールというもの。コントロールをよくすることは、ピッチャーの永遠のテーマといってもいいかもしれません。コントロールがいいといわれているプロ野球のピッチャーでもそうなのです。だいたい、キャッチャーがかまえたところに10球のうち5球投げられたらたいしたものでしょう。だから、あまり少年野球のピッチャーが「自分はノーコンだ」などと悩む必要はありません。

ここでは、どうすればストライクを投げられるようになるかを順番に考えてみましょう。

まずは、この本のいちばん最初で教えたように正しくボールを握ること。

次が、同じフォームで、同じタイミングで、同じところでボールを放すこと。そうすれば、理屈の上では同じところにボールがいくはずです。ひとつの理想は、〝マシン〟のようになることです。私が高校時代に近くで見た桑田真澄さんは、いい意味で機械のような精密さでした。

でも、ふつうのピッチャーはなかなかそうはいきません。人間だから、どうしても投げるたびに少しずつバラつきが出てきてしまう。それを修正しながらコントロールをよくするには、やはりストライクを投げる練習をするしかありません。みんな、試合でカッコ悪い思いはしたくないはずです。そのためにがんばろうと思えば練習にも身が入ると思います。

「ストライクが入らない」というカベにぶつかったピッチャーは、単純に考えればもっと〝投げこみ〟をすればいいということになります。ピッチングの再現性を高めるために、何度もピッチング練習をくり返して、体にフォームやタイミングを覚え込ませることができるからです。

ただし、バッターはいくらでも素振りできるし、マシンを使って打ちこみをすることもできますが、ピッチャーはそうはいきません。投げこみをすればいいといっても、本当に毎日、何百球という球数を全力で投げこんだら肩やひじを故障してしまうので、やめたほうがいいでしょう。

かわりに私がすすめたいのが、**キャッチボール**と**シャドーピッチング**です。

キャッチボールの大切さについては、これまでも強調してきました。きちんと前足を上げて、軸足に体重を乗せてから、相手の胸めがけてしっかりと腕を振って投げること。キャッチャーを座らせての投げこみは毎日はできませんが、キャッチボールなら毎日でもできます。キャッチボールを大事にすることで、ピッチングも変わってくる。ていねいにキャッチボールをすることで、コントロールもついてくるのです。

もうひとつ、私がみんなにやってほしいのはシャドーピッチングです。鏡を見て、自分のフォームを意識しながら、どうすればねらったところに投げられるかを考えて動作をくり返す。それがコントロールのよさに欠かせないフォーム固めにつながるんです。下半身も強くなるし、シャドーピッチングなら何百回くり返しても肩やひじを痛めるおそれはないから安心です。

もっとすぐに効く練習法としては、**キャッチャーまでの距離を短くしたピッチング練習**もいいでしょう。マウンドのプレートからホームベースまでは18・44メートル離れているけれど、それをあえて10～14メートルくらいの長さにして投げる練習をする。キャッチャーがいなければ、ネットを置いて的を決めて投げてもかまいません。ネットがなければカベ当てでもいいんです。強いボールでなくてもいいから、**近い距離で自分のねらったところにボールを投げこむ感覚をつかんでほしい**と思います。10球のうち7～8球がねらったところにいくようになったら、少しずつ距離を延ばしていけばいいでしょう。

もし、マウンド上で〝ノーコン病〟が発病してしまったら、そのときの特効薬は軸足のチェックです。ねらったところに投げられないと手や腕ばかりが気になるけれど、じつは大事なのは軸足。ボールを放すリリースポイ

コントロールで
悩んだら、
近い距離から
的当てをしてみよう。
自信がついてきたら、
だんだん距離を
延ばせばいい。

ントからいちばん遠い軸足が、ボールを投げる動きのスタートラインになっているからです。

ストライクが入らないときは、軸足の位置や使い方を直すと、コントロールが定まってきます。**「何かおかしいな」と感じたら、すぐ軸足をチェック**しましょう。そして、試合中に軸足をチェックするためにも、ふだんからしっかり足を上げてキャッチボールをすることが必要なんです。もし、試合中にストライクが入らなくなったら、「これは、いつもやっているキャッチボールなんだ」と思って、しっかり軸足に体重を乗せてキャッチャーめがけて投げてみるといいでしょう。

POINT ポイント1 **あえて近い距離でピッチング練習してみる**

POINT ポイント2 **マウンドでコントロールが乱れたら軸足をチェック**

もっと速い球を投げるためには

　コントロールとともにピッチャーの〝二大悩みごと〟といえるのが、「速いストレートが投げられない」というもの。どんなピッチャーでも「もっと速い球を投げたい」と願っています。これも永遠のテーマといってもいいかもしれません。

　速いボールを投げられるかどうかは、持って生まれたもの、つまり身体的な素質によるという人がいますが、私はそうは思いません。たしかに地肩《じかた》の強い、弱いというのはあるけれど、それだけでボールのスピードが決まるわけではないからです。**努力とトレーニング次第で、だれでも球が速くなる可能性はあります。**だから、みんながいま速いボールを投げられないとしても、けっしてあきらめないでください。実際に、私もプロ野球に入ってから少し球速が速くなりました。

　野球はボールのスピードを競うスポーツではありませんが、ピッチャーのボールが速いほうがバッターは打ちにくいのはたしかです。

　では、速い球を投げるためにはどうすればいいのでしょうか。単純に理屈だけを考えれば、腕をより速く振ればいいということになります。だけど、実際のピッチングでは腕を速く振るだけではなかなか球は速くなりません。ボールのスピードを上げるには、力いっぱい投げればいいと思っている人がいるかもしれませんが、そうじゃないんですね。正しい体の使い方をして、きちんとした投げ方をしないと、速くていいボールを投げることはできないのです。

　まずは、しっかりとボールを握ること。そして、肩、ヒジ、手首をきちんと使うことが速球を投げるための必要条件です。これは、コントロールをよくするための条件とも共通します。さらに球の速いピッチャーには、ある共通点があります。それは、**ピッチングのときの歩幅が大きい**こと。足をふくめた下半身の力が強くないと、大きな歩幅では投げられません。そして、ここでも股関節のやわらかさが大切になってきます。

　ピッチャーがバッターと勝負するのは、ホームベースの上です。つまり、バッターの立っている位置で、バッターがスピードと威力を感じるボールをどうやって投げるかが重要になってくる。そう考えると、体がねばって、できるだけバッターの近くでボールを放すことができれば、ボールのスピンの量は多くなるし、威力も出てきます。バッターを打ち取るには、速くて、なおかつ質のいいボールが必要なんです。

下半身に力があって、同時にやわらかさがないと、ボールをバッターの近くで放すことはできません。つまり、**速いボールを投げるためには、強くてしなやかな下半身が必要**ということになります。

ピッチャーは大きければ大きいほど有利、背が高くて手足が長いほうが有利という人もいます。たしかにホームベースが近くなるし、

小さい体でも
力のあるボールを
投げる武田久投手。
その秘密はやわらかい
股関節と大きな
歩幅にあった。

ボールに角度もつくから、大きいことのメリットはあるでしょう。だけど、プロ野球では石川雅規《いしかわまさのり》投手（東京ヤクルトスワローズ・身長167センチ）や武田《たけだ》久《ひさし》投手（北海道日本ハムファイターズ・身長170センチ）のように小さい投手も大活躍しています。武田久投手などは、145キロ超の速球を投げてくる。背が高くなくても股関節の柔軟さがあれば速い球は投げられるんですね。だから、いまは体の小さい少年でも、絶対にあきらめないでほしいと思います。いっぱいご飯を食べて体力をつけて、体をやわらかくすれば、将来はきっと速い球を投げられるようになるはずです。

POINT ポイント1 **速いボールは歩幅を大きくして投げる**

POINT ポイント2 **歩幅を大きくするには股関節をやわらかくする**

エラーやミスが怖くなったら

走者のいるピンチの場面でゴロをはじいて得点を許してしまった。9回裏、最後のバッターを打ち取ったと思ったら、飛んできたフライを落球、ランナーが生還してサヨナラ負けしてしまった……。

もし試合で自分がそんなことをやってしまったら、もう落ちこむなんてもんじゃありません。チームメイトにもうしわけなくて、いたたまれない。そして、次の試合でもエラーするんじゃないかと不安になってしまうでしょう。

よく「守備にスランプはない」といわれますが、そんなことはありません。ひとつエラーをすると、次に打球が飛んでくるのが怖くなるもの。私だってたくさん失敗したし、プロに入ってからも、守りながら「また失敗するかも……」とマイナスに考えてしまったことは何度もあります。口では「オレのところに打たせろ!」と言っていても、心のなかでは「飛んでくるな」と思ったこともあるのです。

ミスが続いたり調子が悪かったりしたら、弱気の虫はなかなか追い払えないものです。そんなときの対処法はひとつだけ、**「開き直る」しかありません。**エラーをしようと思ってする人はいないんだから、そこは開き直って気持ちに踏ん切りをつけること。

野球というのはふしぎなもので、「ミスしたらいけない」と思えば思うほど、よけいミスしてしまうものです。だから、思い切りが大事なんです。自分のところにボールが飛んできたとき、「エラーしないように慎重に、慎重に」と思うと、逆に体が硬くなって、手や足が動かなくなってしまいます。エラーや失敗が続くときこそ勇気を持って、思い切ったプレーをしてください。これが、**エラーや失敗をくり返さない、いちばんの方法**だと思います。

私は子どものころからプロまでずっと野球を続けてきて、毎日、結果ととなり合わせでプレーしてきました。そうしてわかったのは、**「くよくよ考えても、いい結果は出ない」**ということです。だから、いかに切り替えを早くするかが大事なんです。ミスをしたら反省することは絶対に必要です。だけど、試合中はそのことを引きずってはダメ。いっそのこと「またエラーしてもいい！」くらいの気持ちでいないと弱気の虫は追い払えません。

野球にはエラーや失敗はつきものですが、大事なのは**同じミスを何度もしない**ことです。気持ち的には「またエラーしてもいい！」と開き直ることが必要だけど、だからといって本当に同じエラーをくり返しているようではちょっと問題があります。

ミスには、技術的なものと、精神的なものがあります。技術的なミスをしたときには、

「エラーしてはいけない」
と思うほど
エラーしてしまう。
そんなときは開き直って、
思いきって
ダッシュしてみよう！

それがミスなくできるようになるまで、何度も練習するしかありません。たとえば、ショートバウンドをキャッチするのが苦手だったら、何度もショートバウンドの捕球練習をして苦手意識をなくさなければダメ。練習でできないことを試合でやろうと思ってもできません。

一方、気持ちからくるミスだったら、早めに踏ん切りをつけること。「ミスしてもポジティブに!」といっても難しいだろうから、そんなときには少しだけ発想を変えてみましょう。「次の回に打って取り返してやる」でもいいし、「ヤジを飛ばしたやつを見返してやる」でもいい。このとき、強い気持ちを持たないと、どんどん悪い方向にいってしまいます。結果的に空回りすることもあるかもしれませんが、それでもいいんです。

みんなにも経験があると思うけど、緊迫した場面になればなるほど、ミスへの恐怖心も強くなるもの。私は比較的、緊張には強かったほうなので足が震《ふる》えてしかたがないという経験はないのですが、1点差で9回裏2アウト、ランナー2、3塁といった場面では、やっぱり緊張したものです。バッターのときは攻撃しているからいいけれど、守備だとどうしても受け身になってしまう。

そんなときは「いいプレーのことばかり考えよう」と思っても難しいものです。ピンチで緊張しない方法は、残念ながらありません。これぱっかりは、**ひとつひとつのプレーを積み重ねて自信をつけるしかない**のです。絶体絶命のピンチで難しいゴロをさばいたり、ダブルプレーを決めたりして自信をつけること。その積み重ねで、プレッシャーに負けない気持ちが生まれてくる。もし失敗したら、「今度同じ場面ではこうしよう」と思えばいいのです。

とくに少年野球のうちは、たくさん失敗していいんです。はじめからうまい人なんかいません。「失敗したらいけない」とか「失敗したら恥ずかしい」と思ったら、なかなか上達できない。「失敗したらまた練習すればいい」くらいの気持ちで試合にのぞんでほしいと思います。

野球では、失敗しないでたまたまうまくいった人よりも、**失敗して覚えた人のほうがうまくなります。**「失敗したらイヤだから……」と逃げてしまって、チャレンジしないのがいちばんダメ。難しいゴロが飛んできたら、逃げないで思い切ってダッシュして捕りにいけばいい。失敗したら、原因を考えて、練習する。そのくり返しで野球はうまくなるものです。1回、2回の失敗でくよくよせず、どんどんチャレンジしてみましょう。

私はサヨナラエラーをしたこともあります。でも、その日は落ちこんでも、次の試合では新しい気持ちでグラウンドに出ました。みんな、いろいろな経験をして強くなる。失敗しないとうまくなれません。これは、バッティングや走塁でも同じこと。どんなにいいバッターでも10回のうち7回も失敗するのが野球というスポーツです。だから、失敗をいかに次に生かすかが大事なのです。

POINT ポイント1 「ミスしたら練習すればいい」と開き直る

POINT ポイント2 失敗して練習した人のほうが、うまくなる

バッティングで迷ったらバスターしてみる

野球は守備や走塁などさまざまな要素がからんだ複雑なスポーツですが、ゲームのなかでいちばん重要なのは、ピッチャーとバッターの勝負です。単純に考えれば、野球とは「ピッチャーとバッターの勝負」のくり返しだということもできるでしょう。

打席に立って凡退したということは、ピッチャーとの勝負に負けたということ。もしみんなが勝負に負けてばかり、つまりなかなかヒットを打てないことに悩んでいるならば、ピッチャーとの対決に勝つ方法を考えてみましょう。

打席に立ったとき、バッターはピッチャーのどのあたりを見ればいいのでしょうか。私は、ピッチャーの顔や指先ではなくて、上半身を見ながらタイミングを取っていました。**上半身をしっかり見ることで、ボールの出どころが見えてくる**からです。

ピッチャーがモーションに入り、足を上げてボールを投げようとするときに、前の肩（右投げなら左肩、左投げなら右肩）が早めに開くピッチャーのボールはとても見やすくなります。ストレートなら球すじを長く見ることができるし、変化球も早めに曲がるからこちらもじゅうぶん対応できる。そんなピッチャーからは、みんなもヒットを打ちやすいはずです。

逆に、なかなか肩が開かないのがいいピッチャー。どんなピッチャーも最後まで肩を開かないで投げることは不可能ですが、最後の最後、**ギリギリまで肩が開かないのが、バッターにとってはイヤなピッチャー**ということになります。

私にとってイヤなピッチャーは、ダルビッシュ投手や読売ジャイアンツの杉内《すぎうち》俊哉《としや》投手みたいに、球持ちのいい投手でした。なかなか肩が開かず、長い時間ボールを持っていられると、実際のスピードよりもボールが速く感じるし、キレがいい。変化球もホームベース付近まできてから変化するから、対応する時間がなくなります。

もし、そんなピッチャーが出てきたら、じっくり上半身を見て、ボールの出どころを見きわめてほしいと思います。いいピッチャーを打ち崩すのはプロでも難しいけれど、しっかりボールを見てタイミングを合わせて、コンパクトなスイングをすれば、打つことは不可能ではないはずです。

バッターにはいろいろなタイプがあって、変化球が得意な人もいれば、ストレートが好きな人もいます。だけど、どんなバッターでも体の近くに食い込んでくるボール（右バッターであれば右ピッチャーのシュート、左バッターであれば左ピッチャーのシュートなど）はとくにイヤなものでしょう。そういうボールを打つのがいちばん難しい。

ちっとも打てそうな
気がしないときには、
バスターをやってみると
調子を取り戻す
きっかけになる
ことがある。

みんなのような少年野球の場合は、それほど鋭い変化球はまだこないだろうけど、ストレートでも体に近い内角のボールを芯で打ち返すにはかなりの技術が必要です。

私はバッティングに関して自分でずっと考えながら、ほかの選手の打ち方も参考にして研究してきました。そのバッターが年上でも年下でも、いいものはいい。学ぶべきところがあったらすぐに取り入れました。そしてたどりついた結論は、ピッチャーの上半身を見ながら始動を早くして、しっかりバックスイングをとること。そして、トップの位置から、ボールまで最短距離でバットを出すこと。くり返しになりますが、これに尽きます。

みんながすぐにまねをすることは難しいかもしれないけれど、ぜひチャレンジしてみてほしいですね。

ひとつのヒントとして、野球少年にとって、**バスターをしてみることはとてもいい練習になる**と思います。一度バントのかまえをしてからバットを引くと、ムダな動きがなくなるからです。バントのかまえからバットを引いてトップの位置に入ると、どんなボールにも対応しやすくなります。ステップの幅も必要以上に広くなりません。なかなかヒットが打てずに悩んでいる人は、バスターを試してみるといいでしょう。

POINT ポイント 1 ピッチャーの上半身を見てボールの出どころを見きわめる

POINT ポイント 2 バッティングに悩んだらバスターをしてみる

ピッチングで迷ったらミットめがけて投げる

ピッチャーとバッターの勝負は、ピッチャー側からすればヒットを打たれたら負け。打たれることをおそれてフォアボールで出塁を許しても負けです。私たちピッチャーは打たれたくないから、相手をどう打ち取るかいろいろ考えて工夫するわけです。

もっとも、私の経験からすると、**ピッチャーが本当に調子のいいときには、対戦するバッターのことなどあまり気にしないもの**です。そういうときには相手がだれかなんてどうでもいい。自分の間合い、自分のタイミングでどんどん投げることができます。

逆に、「なんだか調子悪いな」と思うときほど、相手のことが気になってくる。「あのバッターはいかにも打ちそうな顔をしているな」とか「ランナーを出して4番バッターに回したらまずいぞ」と考えてしまいます。ふしぎなことに、そうやって悪いことを考えると、本当に打たれたり、ピンチで4番に回ったたりしてしまう。自分で自分を苦しめてしまうんですね。

バッターが打席に立つときには、みんな「ねらい」を持っています。たとえば、「ストレートを打つぞ」とか「引っ張ってやろう」とか。でも、何を考えているのかピッチャーからはわかりません。だから、初球が大切になってきます。私は「1球目から打ってきそうだな」と思ったら、ストライクからボールになる球を投げることが多かった。初球をねらっているところにストライクを投げたら、打たれる確率が高くなりますから。逆に、「打ってこないな」と思ったら、ど真ん中に投げることもありました。

私がバッターと対戦するとき、バッターのどこを見ていたか？　もちろん、しっかり見るのはキャッチャーミットなのですが、はじめてのバッターで注意するのは下半身でした。足や下半身を見て、タイミングの取り方を見るのです。ピッチャーはバッターのタイミングをはずすためにいろいろなボールを投げます。だから、いちばん知りたいのは、そのバッターのタイミングの取り方なんです。

体が大きい、小さいとか、かまえがどうかというのは、あまり関係ありません。「タイミングが合うか、合わないか」を考えながら投げていました。

もっとも、そういう私もプロに入るまでは、バッターをそれほど観察することはなかったように思います。この本を読んでいる野球少年たちならば、**いかに自分のボールをねらったところに投げるかに集中したほうがいい**でしょう。バッターを観察してタイミングをはずそうとしても、自分の100パーセントのボールが投げられなかったら意味がありません。そのときそのときに、自分の持っている

キャッチャーのかまえたミットに投げることだけを考える!

「打たれたらイヤだな」と
思うと打たれてしまう。
よけいなことは考えずに、
自分のいちばんいいボールを
ミットめがけて投げこもう。

いちばんいいボールを投げる。これが大切なんです。どんな球種であっても、キャッチャーのかまえたミットをめがけて投げる。それだけを考えて投げること。

調子のいいときは、自分のリリースポイントからキャッチャーミットまで、1本のラインができているように感じるものです。本当にピッチングに集中できていると、バッターの動きはまったく気になりません。まわりの声援やヤジも聞こえないほどです。

その日の調子のいい、悪いを見きわめる意味でも、ピッチャーは立ち上がりが大事です。簡単に初回を三者凡退《ぼんたい》に抑えると「今日はいける!」という気になるし、連打を浴びたり、フォアボールを出すと「今日はどこかおかしい……」と不安になってくる。

うまく立ち上がるためには試合までの準備も大切になってきます。心のなかに少しでも不安や心配ごとがあったら、投げるボールにも影響が出てしまう。たとえば、「今日はスパイクをみがき忘れた」と思うだけで、ピッチングまで弱気になってしまうこともあるんです。そういうこまかな部分もふくめて、しっかり準備して、万全の状態でマウンドに上がってほしいと思います。マウンドでは勝負のことだけに集中できたら、ピンチでもピンチと思わなくなるはずです。

POINT ポイント1 いちばんいいボールをミットに投げることだけ考える

POINT ポイント2 ピッチャーがうまく立ち上がるには準備が大切

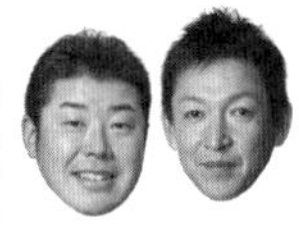

悩んだら大きな声を出してみる

野球はチームスポーツだから、一生懸命がんばっている人には、必ずだれかが声をかけてくれたり、アドバイスしてくれたり、励ましたりしてくれます。バッティングのことでも、守備のことでも、もしキミがカベにぶつかって悩んでいるのを見たら、まわりの仲間が「そんなに気にするな」「元気を出せよ」と言ってくれるはずです。けれども、もしカベにぶつかっているのがふだんの練習をまじめにやらない、野球に取り組む態度がいいかげんな選手だったら、それは自業自得《じごうじとく》。だれも助けたい気持ちにはならないでしょう。

大切なのは、**うまくいかないときでもいかに根気よく、ひたむきな姿勢を忘れずに野球をやるか**。どんな選手でも失敗したり、調子を崩して苦しんだりすることはあります。そんなときでもコツコツと練習を積み重ねている人は必ずカベを乗りこえられるし、そんな姿をチームメイトや監督はちゃんと見ています。

逆に、自分が絶好調だったり、ほかの人より成績がよくても、人を小ばかにするようなことは絶対にしてほしくないと思います。自分がちょっと野球がうまいからといって、「お前はへたくそだ」と見下すような態度をとられたら許せないでしょう。味方のエラーで試合に負けたとき、どうしても「あいつのせいで負けた」と思ってしまうかもしれないけれど、それを態度に出してはダメ。みんなのような野球少年には、そういうことはしないでもらいたいですね。

野球はいつもいつもうまくいくわけではないし、調子がいいときばかりじゃありません。自分がうまくできても人が失敗することもあるし、その逆の場合もある。人それぞれ、体の大きさも上達のスピードも違う。そのときにちょっとうまいからといって、うまくない人の失敗や欠点をあげつらったり、けなしたりしないでください。とくに一生懸命にやっている人に対して、それは絶対にやってはいけません。野球をやるとき、それだけは注意してほしいと思います。

自分が野球のことで悩んでいるとき、まわりのみんなが励ましてくれるのはうれしいものです。でも、それでもまだモヤモヤして気分が晴れないかもしれません。そんなときは、**思い切って大きな声を出してあいさつ**してみましょう。これは何も野球の練習のときだけに限りません。

「おはようございます」

「こんにちは」

「いただきます」

「ごちそうさまでした」

あいさつは基本中の基本だから、野球の選手である前に人間として当たり前のことですが、これを大きな声で元気よくやっていると、ふしぎなことにそれだけでモヤモヤしていた気分が晴れてくるはずです。

もちろん、野球の練習をするときにも、大きな声できちんとあいさつすること。はじまりと終わりはとくに大事なので、**「お願いします！」**とグラウンドに入るときに礼をするのはもちろん、終わったときにもきちんと**「ありがとうございました！」**と言えるように。

別におおげさなアクションはいりません。帽子をとって軽く頭を下げるだけでいいんです。そして、あいさつをしながら「今日は何に取り組もうか」「今日はちゃんと練習をやれたかな?」と自分自身に問いかけてほしいと思います。

大きな声を出してハキハキあいさつしている選手は、まわりからは悩んでいるようには見えません。声を出して、元気を出しているうちに、自分でも悩みなんてどうでもよくなってきてしまうものです。そうなれば、プレーも変わってくるでしょう。

どんなレベルの野球でも、強いチームの選手は、あいさつの声が大きいし、ハキハキし

ありがとうございました!!
野球の練習も
毎日の生活も
あいさつにはじまり、
あいさつに終わる。
恥ずかしがらずに
大きな声で!

ています。弱いチームはどこか元気がありません。私たちはボーイズリーグでもＰＬ学園でも礼儀やあいさつの大切さをきびしく教育してもらったので、プロに入ってもそれが役に立ちました。みんなも照れくさいかもしれないけれど、恥ずかしがってモゴモゴ言っていたら気分転換にもならないでしょう。大きな声であいさつするのは本当に大事なこと、そして、すぐにでもできることです。

POINT ポイント 1　うまくいかないときでも、ひたむきな姿勢で練習する

POINT ポイント 2　大きな声であいさつすれば悩みは吹き飛ぶ

私たちがＰＬ学園とプロ野球で学んだこと

私たちが入ったころのＰＬ学園は本当に強いチームでした。桑田真澄さん、清原和博さんというものすごい先輩がいて、幸運なことにそのプレーを近くで見ることができました。

私がＰＬ学園に入ってよかったと思うことは、1年生も3年生と一緒に練習させてもらえたことです。野村は雨の日しか桑田さんの投げるところを見られなかったというけれど、私は内野手だから先輩たちと一緒にシートノックを受けさせてもらうことがあったのです。私は、もともとボーイズリーグのときはピッチャーをやっていましたが、ひじを痛めてショートにまわりました。ＰＬ学園でも一緒にプレーした橋本清が同じチームにいて、すごくいいピッチャーだったから、すんなり内野手に専念できたのです。もしあのままピッチャーをやっていたら、プロ野球選手にはなれなかったかもしれません。

内野手としてPL学園で先輩たちのプレーを見ていたら、打球に対するスタートの切り方、グローブのかまえ方、捕るときの姿勢などがどんどんわかるようになりました。バッティングでも、私は清原さんみたいに打球を遠くに飛ばすことはできなかったけれど、スイングでは体の軸を中心に回ることとか、タイミングの取り方とか、先輩の打撃練習からいろいろなことを参考にさせてもらいました。

シートノックの練習では、ファーストに入った清原さんに投げるときにものすごく緊張したことを覚えています。あの清原さん相手ですから、「変なところに投げたら大変だ……」「『オラァ！』と怒られたらどうしよう……」などと考えると腕が縮こまってしまう。でも投げないわけにはいかないから、**「思い切って投げるしかない」**と開き直って送球しました。一回うまく投げることができたら自信がつきます。自信がつくと、次からは落ち着いて投げられるようになるものです。私はそういう経験をして、少しずつうまくなっていったんだと思います。

じょうずな選手たち、実力のある選手たちと一緒にプレーすることで自分もうまくなることができるのは、プロ入りしてからも同じでした。先輩か後輩かなんて関係ありません。気になるプレーヤーがいると、どうしてああいう動きができるんだろう、なぜあんな打ち方をするのか、と観察しながら考えてみました。

うまい選手を見ながら、自分で考えて覚えたことは自分のものになりやすい。だれかに教えてもらうばかりじゃなくて、研究して取り入れることでものすごく上達するのです。体格が違ったり、タイプが違ったりしてもいいから、自分が目標にする選手のまねをすること、**そういう人に近づきたいと思って練習に取り組むことが本当に大事**なんですね。

みんなはまだプロ野球選手じゃないけれど、どんなチームにも、必ずじょうずな人はいる

あの清原さんをはじめ、
まわりにすごい選手たちがいた。
みんなも身近な目標を見つけよう！

はずです。その選手と自分はどこが違うのか考えてみたり、「自分もあの選手と同じようにやってみよう」とためしてほしいと思います。監督やコーチに悪いところを指摘されて直すこともあるかもしれないけれど、それよりも自分の欠点は何かを考えて、自分で勉強することが大事なんです。

ＰＬ学園でもプロ野球でも、私は野球のことばかり考えていました。**野球は体を動かすスポーツですが、同時に頭で考えるスポーツ**です。野球少年のみんなも、この本を読んでみて感じたことをもう一度自分で考えて、さらなるレベルアップにつなげてくれたらうれしく思います。

POINT ポイント1 うまい選手を見ていると自分もうまくなる

POINT ポイント2 うまい選手と自分はどこが違うのか考えてみる

1987年、夏の甲子園決勝で常総学院を破り、春夏連覇を達成したPL学園。
いちばん左で優勝旗を持っているのが主将の立浪。
前列しゃがんでいる右から2人目がエースの野村。

おわりに

野村弘樹
nomura hiroki

ここまで読んでくれたみんなに、私たちの言いたかったことは少しでも伝わったでしょうか。

野球というのは、「勝ち負け」がとてもはっきりわかるスポーツです。だから、試合で負けたり、うまくプレーできなかったりしたら、きっと「悔《くや》しい」と感じることでしょう。いまのみんなには、その気持ちを大事にしてほしいと思います。

悔しい思いをしたくなかったら、練習するしかありません。練習すれば、必ず力はついてきます。まだ体が小さかったり、力が弱いうちはできないことが多いかもしれないけれど、あきらめないことが大切なのです。

みんなが野球をするなかで、もしすごいと思うバッターと対戦することがあれば、打たれることをおそれずに真っ向勝負してほしいと思います。抑えることができれば大きな自信になるし、打たれればまた練習すればいいのです。対戦相手に速い球を投げるピッチャーがいたら、小さく当てにいくんじゃなくて、「負けるもんか！」という気持ちで思い切りスイングしてみてください。

私は中学生のとき、立浪のいるチームと対戦して、こてんぱんにやられてしまいました。同じ中学生なのに、もうまるで歯が立たなかった。いま思い出しても、あれは本当に悔しい経験でした。でも、あの悔しさがあったからこそ、そのあとのつらい練習にも耐えることができたのです。私はいま、ＰＬ学園に入る前の15歳までにまじめにコツコツ練習に取り組んだおかげで、その後の野球人生があったのだと思っています。

野球をやっている子を持つお父さん、お母さんも少年野球では目先の勝負にこだわるのではなく、できるだけ子どもたちに思い切り勝負させてあげてください。

野球チームに入っているみんなも、土日の練習や試合だけではなかなかうまくなることはできないものです。週末に、自分にどれだけ力がついたか試すために、それまでの5日間でどんな練習やトレーニングをしてきたか――。平日の間にどれだけ野球のことを考えてきたか――。ただ週末に試合をして、「勝った」「負けた」「打った」「抑えた」ではなくて、毎日、自分で課題を持つことが大事です。

立浪もよく言っているように、野球少年のみんなには、ぜひ根気よく練習する習慣を身につけてほしいと思います。自分で決めた課題を、毎日少しずつでもやり続けてください。そうすると、いつか必ず力がついてきます。あきらめて、途中で投げ出してしまったら、そこで成長は止まってしまうのです。

本当に野球がうまくなりたいのならば、努力することは当たり前。でも、それを努力とは思わずに、「当然のこと」のように取り組んでみましょう。

心が折れそうになったときは、この本を開いて、どのページでもいいから読んでみてください。甲子園やプロ野球でプレーした立浪にも野村にも、みんなと同じ少年時代があって、ときには力べにぶつかって悩み、どうすればもっとうまくなれるか考えながら、夢中になってボールを追いかけていたんだってことを思い出してくれればうれしいです。

立浪和義

tatsunami
kazuyoshi

1969年生まれ。大阪府出身。右投げ左打ち。
1987年にPL学園の主将として甲子園春夏連覇を果たす。
同年ドラフト1位で中日ドラゴンズに入団。
1年目の開幕試合からショートの
レギュラーとして出場し、新人王を獲得。
その後もチームの中心選手としてプレーし
"ミスター・ドラゴンズ"と呼ばれる。
2003年には2000本安打を達成。2009年に現役引退。
通算487二塁打はプロ野球歴代最多の記録。
引退後は野球解説者として活躍している。

2003年7月、通算2000本安打を達成した
立浪の切れ味鋭いバッティング。

野村弘樹

nomura
hiroki

1969年生まれ。広島県出身。左投げ左打ち。
1987年、PL学園のエースとして立浪と共に
甲子園で春夏連覇を達成。同年ドラフト3位で
横浜大洋ホエールズ（現・横浜DeNAベイスターズ）に入団。
1988年10月に初登板初完封勝利を挙げる。
1993年には17勝でセ・リーグ最多勝。
ハマの左腕エースとして1998年の日本一にも貢献した。
2002年に現役引退。通算101勝。
引退後はベイスターズの投手コーチをつとめ、
野球解説者としても活躍中。

1999年5月、阪神戦で力投する野村。
腕が釣りざおのようにしなっている。

立浪&野村が教える!
野球少年が親子でうまくなるプロ思考

著者
立浪和義
野村弘樹

2012年 9月30日 第1刷発行
2014年 1月20日 第4刷発行

発行者 大久保徹也
発行所 株式会社 集英社
〒101-8050
東京都千代田区一ツ橋2-5-10
編集部 03-3230-6206
販売部 03-3230-6393
読者係 03-3230-6080

印刷所 図書印刷株式会社
製本所 ナショナル製本協同組合

絵 カネシゲタカシ
装丁 中山真志
企画 寺崎 敦(株式会社no.1)
構成 元永知宏
協力 株式会社PLAN-B
有限会社オン
写真 五十嵐和博 時事通信社
編集 内山直之

造本には十分注意しておりますが、
乱丁・落丁(本のページ順序の間違いや抜け落ち)の場合は
お取り替えいたします。購入された書店名を明記して、
小社読者係宛てにお送りください。
送料は小社負担でお取り替えいたします。ただし、
古書店で購入したものについてはお取り替えできません。
掲載の写真・記事等の無断転載・複写は
法律で定められた場合を除き、著作権の侵害となります。
また、業者など、読者本人以外による本書のデジタル化は、
いかなる場合でも一切認められませんのでご注意ください。

©KAZUYOSHI TATSUNAMI HIROKI NOMURA
2012, Printed in JAPAN
ISBN978-4-08-780659-5